汪晓寒 著

吕碧城
我到人间只此回

团结出版社

图书在版编目（CIP）数据

吕碧城：我到人间只此回 / 汪晓寒著. -- 北京：团结出版社，2019.3
　　ISBN 978-7-5126-6821-8

Ⅰ. ①吕… Ⅱ. ①汪… Ⅲ. ①吕碧城（1883-1943）—传记 Ⅳ. ①K825.6

中国版本图书馆 CIP 数据核字(2018)第 272698 号

出　版：	团结出版社
	（北京市东城区东皇城根南街 84 号　邮编：100006）
电　话：	(010) 65228880　65244790　（出版社）
	(010) 65238766　85113874　65133603（发行部）
	(010) 65133603（邮购）
网　址：	http://www.tjpress.com
E-mail：	zb65244790@vip.163.com
	fx65133603@163.com（发行部邮购）
经　销：	全国新华书店
印　装：	三河腾飞印务有限公司

开　本：160mm×230mm　　16 开
印　张：15
字　数：210 千字
印　数：4045
版　次：2019 年 3 月　第 1 版
印　次：2019 年 3 月　第 1 次印刷
书　号：978-7-5126-6821-8
定　价：48.00 元

（版权所属，盗版必究）

序一

芳华绝代谁倾城

民国才女如云,言必谈张爱玲、萧红、谢婉莹、林徽因、陆小曼……似乎,大家把吕碧城这个名字错过了。

那将是一个很俗气的遗憾。

陌上花开君子香,最奇不过吕碧城。

吕碧城的奇,是开了民国女性翘楚乃至几乎整个中华女性自主的历史先河,而且,这先河不止一起:中国女权运动的首倡者之一、近代教育史上第一位执掌校政的女校长、中国新闻史上第一位女编辑、中国第一位女性撰稿人、中国第一位动物保护主义者,若有可能,她还将是首位商界女奇才,而且,她还终结了一段历史——被誉为"三百年来最后一位女词人"。吕碧城与当时的女丈夫秋瑾并称"女子双侠",集才情、气魄、作为、富有、盛誉于一身,时人歌曰:"绛帷独拥人争羡,到处咸推吕碧城。"

吕碧城虽与英敛之、严复、袁克文等民国名流有过交集,但也都无非是一贯的须眉一厢情愿地对吕碧城的倾心而已,照理看来,这些人吕碧城全未放在眼里,也就不可能夸张出所谓的佳人佳话。吕碧城不是闺阁中的佳人，而是红尘中的飞马。

吕碧城不是没有儿女情长，只是生平可许的男子，梁启超有妻，汪精卫过俏，汪荣宝有偶，张謇又太老。总之是时人无有可配之辈，因而她宁愿"此心只凭月，不向乱宇摇"，终身未嫁。

当今的女学霸似乎能体验到吕碧城这份孤高，但不见得有吕碧城这份全能与气魄，她能十二岁就搅动风云解救母难于豪强毒手，二十出头文声就已经享誉南北，二十二岁已经做了女校长，不出二十四岁又成了政界新宠，不出三十又鱼跃商界，更不用说会六种语言、工书画、擅诗文，足履大江南北，涉猎南亚欧美，能小女人，能大丈夫，非时势能造，只可真性天然。

这样一位腹有诗书气自华的才女，晚景多病，倾心黄老，最终皈依佛门，时人多惋叹她是因为对儿女之情未尽的怅恨和无可奈何的悲绝。

百口莫辩，百口都非吕碧城一心！

谁解尘世缥缈，谁解丈夫红颜！

怀着一颗躁心读了汪晓寒这部为吕碧城做的传，虽然还躁着，却也躁得不那么欢了。

晓寒请我为这本书作序，对于我这个粗人来说，实在是勉为其难，而且还是面对着书中这样一位雅丽超绝的巾帼才女，实在汗颜。但是使我提笔的勇气，也偏偏就来自这个吕碧城，还有就是书写吕碧城的作者。

为人做传，都得有深厚的学底，要么文思老到，要么岁月老历，必能坐得住冷板凳，必能耐得起烦琐。不是胸藏千机学富五车的学者，一般是没有这个勇气的。

可敬的是晓寒不但有这个勇气，也有这份耐性，又不缺文笔的率真，更不乏情怀的深远。他广采博收的学术气质以及沉静、审慎的学风加之流畅清丽的文笔，恰恰写真又不失写意地描画出了一位侠骨灵秀的民国女杰。

晓寒年纪不大，甚至可以说很小，若不是对史学的倾心热爱，若没有专业的对人道经纬的透骨观察和思考，完成一个史学里著名人物的传记，的确是很难的，晓寒之所以办到了，全在于这个年纪里，晓寒身上其他同龄人少有的治学操守，和对一个时代的敬畏和追思。

还有就是其他人身上少有的审慎和少有的寂寞。

也许就是因为去者不可追，来者犹可为，使我能完成这篇序言。

感谢晓寒弄笔，让大家走近吕碧城。

林红光
2018 年 11 月 17 日于株洲金龙酒店

序二

人间，只此一回

晓松溪月 / 文

夜深了，窗外灯火如昼。

我坐在电脑桌前，眼前一片茫然，不知道要写些什么。在此之前，我从未给人写过序，即便是自己书中的序，也都是个人包揽。而今，晓寒提议让我给他的新书作个序，自然是无比欢悦的事情。早在2014年，我和晓寒就已经在网上认识了。那时，他还是某个网站的作者，我们偶尔一块给某个杂志社写文章。

我比晓寒大一岁，在网文圈混的时间长些，所以时常给他出些主意。他一开始就写出版文，也给我提供了不少资源。那个时候，写字成了我们俩生活中最浪漫的事。我们从未想过一篇文章能卖多少钱，从未考虑过书能不能出版，文章能不能发表。我们是极其热爱文字的，这种热爱远比索求稿费更热烈。因为那时，写文章是一种精神上的追求，至于随之而来的物质和钱财，却是在精神追求之外的东西。

一个人，一辈子，总该有一个奋斗不息的梦想。

我很庆幸，在匆匆而去的岁月里，认识了那么多挚爱文字的朋友。有时也很骄傲，因为大家都是为了一个共同的目标走到一起的。晓寒的文风细腻，从古代文到现代文，从玄幻小说到青春小说，从爱情故事到美文传记，几乎都有所涉猎。

而我以为，一个作家会写一种题材不算厉害。他只能称之为故步自封，却不能称之为博学多识。在我的世界里，只有触类旁通，只有博览群书，只有求变求新，才能在变幻莫测的文坛求得一席之地。

我很欣赏晓寒的创作思路，他总是能提出一些新颖的点子。有些时候，往往能一鸣惊人，留给人们无限的遐想。我想，这也是他写吕碧城的原因。因为吕碧城就是一个充满了智慧、脑子里装满了奇思妙想的人。她清高孤傲，遇不见合适的人便选择终身不嫁。她思维独特，故而成为中国第一个女编辑。她才华横溢，创作了很多经典而耐人寻味的诗歌。

她的一生耀眼而夺目，所有的美好和故事，都随着晓寒的落笔，谱写出一段催人泪下的佳话。有人说，吕碧城是自负的，故而才陷入落落孤寂的旋涡中。而我以为，吕碧城是高雅的。她不容于世俗的污淖，宁可独善其身，也绝不会沾染不好的风气。所以，她常说人间只此一回的话。如今细细想来，倒竟不觉得多么傲慢了。

最后，我希望晓寒的新书能大卖。每一个热爱文学的人，每一个对民国人物感兴趣的人，每一个痴迷于吕碧城的人，倘若买上一本放于枕边，绝对是一个很好的选择。

Contents

目 录

第一章 曜灵初破鸿蒙色

[1] 青闺儿女　002
[2] 题笺墨澥　008
[3] 梦冷旧阙　013
[4] 断红谁系　017
[5] 天涯一别　021

第二章 春风得意马蹄疾

[1] 柳暗花明　026
[2] 与君初识　030
[3] 声名鹊起　035
[4] 高唱女权　041
[5] 女学初论　046

目录

第三章　人生若只如初见

[1] 知己秋瑾　　050
[2] 女子公学　　059
[3] 云卷云舒　　066
[4] 分道扬镳　　073
[5] 若如初见　　077

第四章　青琴弹冷碧云天

[1] 寒云公子　　082
[2] 师生情缘　　087
[3] 缘起缘灭　　092
[4] 政坛女杰　　095
[5] 南社诗话　　101

第五章　湖光秋月两相和

[1] 商界巾帼　　108
[2] 邓尉探梅　　115
[3] 山水之间　　120
[4] 苏杭胜景　　124
[5] 道家因缘　　129

第六章　落花时节又逢君

[1] 往事回潮　　136
[2] 游庐琐记　　140
[3] 青灯古佛　　147
[4] 汤山疗养　　153
[5] 后会有期　　157

第七章　孤帆一片日边来

[1] 大洋彼岸　　162
[2] 东方公主　　166
[3] 他乡故知　　169
[4] 归去来兮　　172
[5] 故国神游　　176

第八章　只在周游列国间

[1] 故地重游　　186
[2] 欧洲漫游　　192
[3] 时尚之都　　196
[4] 古城庞贝　　200
[5] 鸿雪因缘　　204

第九章 人间只此一回逢

[1] 慈悲之心　　208
[2] 皈依佛门　　211
[3] 物是人非　　215
[4] 美人迟暮　　218
[5] 红颜凋零　　223

第一章 曜灵初破鸿蒙色

[1] 青闺儿女

　　我常想，一个女子，究竟要多么勇敢决绝，才能顶着整个世界的异样目光勇敢前行，于乱世之中声名鹊起；我常想，一个女子，究竟要多么惊才绝艳，才会让那个繁华缭乱、俊才如星的民国竟无人与之相配；我常想，一个女子，究竟要历经多少悲欢离合，尝过多少困苦磨难，才能看穿这万丈红尘、青灯古佛，郁郁独身一世……

　　岁月如洪流，众生似青鲫。有的人，穷其一生都不知自己将要去往何方，归于何处；有的人，拼尽全力猛然跃起，也只拍起一朵转瞬即逝的浪花；也有的人，等到自己伴随着河流走到生命尽头，才开始悔悟自己这一生，明了自己这一世……然而还有那么一个人，她不矫揉不造作，眉眼温柔如月光，心中思量似丘壑，笔尖婉转奏轻笛，只一颦一笑一抬手，便化作一朵优雅莲花，从此绽放在这纷繁世间里、滚滚红尘中，定格于所有人的心间口头。

　　历史的车轮，带伴着"隆隆"的巨响滚滚前行。但这世间并没有那么一个驾车人，可以驾着岁月这辆大车往回走。而它，亦不曾为谁掉头，为谁停留。我所能做的，大概只是沿着历史留下的深深轧痕，寻访心中的那个名字——吕碧城。

吕碧城，被誉为"近三百年来最后一位女词人"。

她字遁夫，号明因、宝莲居士，是中国女权运动的首倡者之一，中国女子教育的先驱，同时她亦是中国第一位动物保护主义者，中国新闻史上第一位女编辑，中国第一位女性撰稿人，并开创近代教育史上女子执掌校政先例。

一个女子，一生究竟要有多么精彩才能得到这么多名望；一个人，究竟要多么努力，才能有这么多成就。更何况，那还是在乱世繁华、才女辈出的民国。

然而即便是在这样的环境里，她也能找到属于自己的光芒。

她是当之无愧的民国奇才女！

谈起吕碧城，就不得不谈徽州。这个有着"青砖小瓦马头墙，回廊挂落花格窗"美誉的古城，东临白际山，南接牯牛降，北方则是障山，而最为有名的，当属西面连徐霞客都曾赞叹的黄山。而让这个青砖黛瓦、深巷幽径的城市更加为人所熟知的，却是那句传唱已久的千古名句："一生痴绝处，无梦到徽州。"

就连被人称赞为"新文化中旧道德的楷模，旧伦理中新思想的师表"，开一代风气之先的民国大师——胡适，亦曾在晚年著作《四十自述》中写道："我将来写自传时，要一大章来写徽州的社会情形。"

1883年初夏，黄山迎客松正绿得苍翠，皖江的清荷也才露出尖尖小角，一切正美好。也就在这一年，吕碧城在祖籍安徽旌德的一户姓吕的人家里诞生了。望着怀中这个手臂如藕节、脸颊粉嘟嘟的孩子，父亲吕凤岐眉头心间均是笑意，当即为她取名"兰清"。

《汉书·司马相如传（上）》里说："其东则有蕙圃，衡兰芷若。""衡""兰""芷""若"均是香草，而兰在中国古典文化里出现的频率则似乎要远远高出其他三种，吕碧城的名字后面的那个"清"字，又饱含"寂静，清静"之意，这似乎也预示着吕碧城未来风华惊艳、清香四溢却又寂静冷清的一生。

吕碧城出生的时候，父亲吕凤岐正担任山西学政。因此，吕碧城真正的出生地，是太原。回到徽州，已经是她三岁时候的事情了。但是真正温养了她的，却还是老家徽州。

一方山水，一种风情；一方山水，养一方人。徽州，这个饱蘸灵性的城市，赋予了她勇敢的心灵，给予了她侠气的眉眼，滋润了她惊艳的才华，却也让这世上再也难找到能够配得上她的男子。

这世上女子万千，独她最好。

吕家在徽州，算得上是书香门第。庙首的吕氏家族，是周朝太师昭烈武王太公望吕尚的后裔，姜太公的子孙。公元880年，吕氏家族第八十六世祖吕从庆为躲避战乱，与弟弟吕从善从金陵迁至歙县竭田。后因世事变化，吕从善定居于竭田许村，而吕从庆则迁至庙首丰溪，与青山绿水、清风白云相伴。吕从庆常以陶渊明自比，并留有《丰溪存稿》诗一卷。

或许是先祖开了个好头，吕氏家族后来以诗书传家，人才辈出。据有心人统计，仅乾隆至光绪的百余年间，吕家就先后有四人出任云南、湖南、福建、山西等省的学政，而吕碧城的父亲吕凤岐就是其中一员。

吕凤岐在读书方面颇有天分。光绪三年（1877年），吕凤岐中进士，选翰林院庶吉士，后来又曾担任国史馆协修、玉牒馆纂修等职。吕凤岐爱好收藏，家中藏书竟多达3万卷。并且他个人也极具才华，工于诗文，并著有《静然斋杂谈》《石柱山农行年录》等书。

父亲这一脉是书香门，而按照古时门当户对的习俗，母亲这一脉自然也是高门大户。

吕碧城的太姥姥名叫沈善宝，字湘佩，是清代著名闺秀。

沈善宝博通书史，涉猎岐黄、丹青、星卜之学，无所不精，尤擅诗词，是道光咸丰年间倾盖一时的闺阁文学领袖，门下女弟子不下百人。沈氏著述甚丰，有《鸿雪楼诗选初集》《鸿雪楼词》及《名媛诗话》传世。她一生游走南北，广交各方才媛，尤其是通过《名媛诗话》的编撰，奠定了她在清朝道光、咸丰年间女性文坛上的领袖地位。

沈善宝后来许配给咸丰时的吏部郎中武凌云，并且生下三女，而吕碧城的外婆武婉仙，婚配来安举人严玉鸣，生下了吕碧城的母亲严士瑜。

严士瑜秉承家族训诫，知书达理，温柔平和。虽然文采才华略输父亲吕凤岐，但"幼怜于亲，得其诗学，于归后，生女贤钟、贤纷、贤锡、贤满，亲为课读，均学有所成"。

吕碧城出生的时候，父亲吕凤岐已经有了两子两女，两子均为吕凤岐的原配蒋氏所出，蒋氏去世后，他又与吕碧城的母亲严士瑜在命运冥冥的安排下走到了一起，并生了两个女儿。

吕碧城是父亲的第三个女儿，在家中排行第五，在她之后家中还有一个幼妹吕坤秀。人们常说，手心手背都是肉，但或许是因为吕碧城天资聪颖，抑或是因为吕碧城天真可爱，父母在她的身上倾注的喜爱总是要多一些。

清朝末年，朝政腐败。虽然外有仁人志士自强不息，内有有识之士奔走疾呼，但腐烂却已深入当政者的骨髓。1885年，吕凤岐不满官场江河日下的现状，亦不愿随波逐流，于是断了仕途之志，带着一家老小，辞官回乡。

彼时的吕凤岐，人生算得上是志得意满。自己出身于书香门第，家底不菲；仕途春风得意，又于王朝末代急流勇退；妻子贤淑温柔，知书达理；膝下更是儿女双全。吕凤岐下半生的生活似乎已经可以预见：与清风明月做伴，以青山白云为友，庭前花后，青灯古卷，闲来呼朋唤友，畅谈人生理想；忙则著书立说，以遗后世。加之红袖添香，儿女绕膝，日子自然美满。

但世事难料，一连串的打击接踵而来。

1887年的某一天，吕凤岐忽然从先生那里得知长子贤钊竟然没有去上学。吕家一向以诗书传家，这还了得？因此吕凤岐震怒异常，将贤钊狠狠责罚了一顿。

没想到贤钊性格内敛、性情柔弱，在遭到父亲责罚后心中一直留有郁结。在这件事之后的某一天，贤钊似乎再也难以承受心中的那份抑郁，竟选择了自缢身亡，年仅19岁。

吕凤岐万万没有想到贤钊竟然会做出这个的选择，因此大病一场，病情足足拖了几个月。

所谓福无双至，祸不单行。

仅仅三年之后，次子贤铭又抱病身亡。这一连串的打击，使得还未从悲伤中完全走出来的吕凤岐再一次陷入锥心刺骨的境地，也让原本身体就不大好的他更加忧郁羸弱。不仅如此，他还患上了眩疾，一旦忧思过度，便头晕目眩。

长子和次子的接连离去，让吕凤岐日益消沉起来，也让他再无心思顾及其他，每日除了青灯古卷，便是敦促四女读书，以排遣心底的余痛和寂寞。

吕凤岐辞官后住在六安的一个小庄子里，那是一座典型的徽派建筑的大屋。庭前屋后，花木遍植，假山错落。门前是一座白石牌坊，屋内则有十多个天井，还有一口碧绿的池塘，塘边老柳，苍翠茂盛。

吕碧城和她的两个姐姐吕惠如、吕美荪以及幼妹吕坤秀在这里度过了一段非常快乐的时光。春天老树抽芽、百花盛开时，她便在花丛中扑蜂捕蝶；夏天惠风和畅，她便唱起歌儿荡着秋千；秋天落叶枯黄，她便拾起落在地上的黄叶；冬天寒风肆虐，她便青灯古卷，沉醉诗书。

她每日在父亲的教导下读书识字、磨墨作画。父亲饱读诗书、知识渊博，辞章画墨无不精通，有什么问题姊妹几个总是能从父亲那里找到答案，因此进步飞速，而吕碧城在姊妹几个中尤甚；闲暇时姊妹几个则相互嬉戏、玩耍，笑声都在肇修堂荡漾开来。

关于那段岁月，吕碧城后来曾填写了一阕《生查子》来回忆她童年时候的美好：

> 清明烟雨浓，上巳莺花好。游侣渐凋零，追忆成烦恼。
> 当年拾翠时，共说春光好。六幅画罗裙，拂遍江南草。

人们总是喜欢在年幼的时候憧憬长大，在长大以后却又怀念年幼。因为年幼的时候总觉得自己的能力不够，不能保护身边的人；长大以后虽然已经有了能力，可这种能力却需要经历世事无常、人情冷暖和才能获得。这首词，便是写在吕碧城已尝遍世事艰辛、风霜雨雪之后。

因为有着良好的家教，后来吕碧城姊妹几个个个都拥有了不凡的才学。大姐吕惠如曾担任南京两江女子师范学校的校长；二姐吕美荪则曾担任北洋女子公学教习兼北洋高等女学堂总教习，还曾被光绪皇帝亲自接见。

人们一时交口称赞："淮南三吕，天下知名。"

[2] 题笺墨殢

父亲的学识和藏书使得吕碧城自小就有了耳濡目染的书香环境，父亲的胸襟见识，也让吕碧城受益匪浅，小小年纪便展现出了与众不同的才华和睿智。

5岁的时候，有一次吕碧城和父亲吕凤岐在花园里散步，看到池塘边微风轻轻吹动着青翠的柳树，父亲随口吟道："春风吹杨柳。"父亲的话音刚落，吕碧城没细想，张口便接了一句"秋雨打梧桐"。

吕碧城一说完，父亲便惊异地看着她。若是以平常人家的孩子来说，在5岁这个阶段，能熟读《三字经》《千字文》这些启蒙书籍就不错了，但是到了吕碧城这里，她却能与父亲对句了。即便吕凤岐知道自己这个女儿聪明，可是他却未料到她竟聪颖到如此地步。

吕碧城对出的句子不仅平仄相符，而且意蕴深厚，吕凤岐看着身边这个可爱聪颖的小女儿，不由脸上浮现出慈爱的笑容，连心中的郁结似乎也放松了许多。

这个时候，吕凤岐已经开始教吕碧城作画了。除了让吕碧城自己作画，吕凤岐也常常将一些比较有名的作品给她临摹，杨深秀送给他的一幅山水画便是其中之一。

杨深秀字漪村，号杳杳子，光绪年间进士，清末维新变法仁人志士。他精通中西数学，尤擅笔墨。曾授刑部主事，累迁郎中，后授山东道监察御史。他为官不仅清廉，而且品性高洁。吕凤岐十分欣赏他的为人，因此杨深秀将这幅画送给他之后，他一直将这幅画珍藏、把玩。

　　吕碧城天资聪颖，知道父亲喜欢杨深秀的画不仅仅是因为他的画画得好，更是因为他的胸怀气质为父亲所赞赏，因此学得十分用心。在父亲的影响下，吕碧城也养成了刚正的性格。

　　许多年后，慈禧发动政变，戊戌维新变法运动失败，杨深秀与谭嗣同等人从容就义，史称"戊戌六君子"。这件事，同样也给了吕碧城非常大的影响。以至她后来还曾写下一首感怀幽叹的词作《二郎神》，来纪念这位舍生取义、"我以我血荐轩辕"的烈士。

　　齐纨乍展。似碧血。画中曾污。记国命维新。物穷斯变。筚路艰辛初步。凤驭金轮今何在。但废苑。斜阳禾黍。矜尺幅旧藏。渊淳岳峙。共存千古。

　　可奈。鹰瞵蚕食。万方多故。怕锦样山河。沧桑催换。愁人灵旗风雨。粉本摹春。荷香拂暑。犹是先芬堪溯。待箧底。剪取芸苗麝屑。墨痕珍护。

　　这首词用词典雅、浩气凌云，既有对杨深秀的怀念、尊敬，同时亦有着对时事沧桑的感叹、无奈，后来这首词收录于吕碧城的词集《晓珠词》中，受到不少好评。

　　学识渊博的父亲的教导，加上聪颖的天资和自己的勤学苦练，吕碧城进步极为神速，诗词书画也达到了炉火纯青的境界。

　　吕碧城7岁的时候，便已经能作大幅山水画了，而且在词作上也显露出了非凡的才华。不仅如此，她还多方面发展，连音律和治印这两方面也取得了一定突破。时人赞她："自幼即有才藻名，工诗文，善丹青，能治印，并娴音律，词尤著称于世，每有词作问世，远近争相传诵。"

　　12岁的时候，父亲吕凤岐的朋友樊增祥偶然读到了她的一首词作：

绿蚁浮春，玉龙回雪，谁识隐娘微旨？夜雨谈兵，春风说剑，冲天美人虹起。把无限时恨，都消樽里。君未知？是天生粉荆脂聂，试凌波微步寒生易水。浸把木兰花，谈认作等闲红紫。辽海功名，恨不到青闺儿女，剩一腔豪兴，写入丹青闲寄。

樊增祥是清代官员、著名文学家，与吕凤岐同为光绪年间进士。历任渭南知县、陕西布政使、护理两江总督等职。辛亥革命爆发后，他避居上海。后来袁世凯执政时，他又官参政院参政。

樊增祥曾师事晚清重臣张之洞和著名文史学家李慈铭，是同光派的重要诗人。樊增祥的诗作艳俗，又擅骈文，一生著诗3万余首，并留有上百万言的骈文，是我国近代文学史上一位不可多得的高产诗人，素有"樊美人"之称。

可是当有人告诉樊增祥这是一个12岁的女孩作的词时，樊增祥竟惊得半天合不拢嘴。他不敢相信"夜雨谈兵，春风说剑"这样大气凌厉的词句竟然会是出自12岁的女孩之手，更不敢相信这还不过百字的词竟然连续引用聂隐娘、荆轲、盖聂等人的典故。

年仅12岁的吕碧城，她的词作里没有这个年纪该有的稚嫩与幼稚，没有她这个年纪该有的天真与无知。她不向往《西厢记》那样的情情爱爱，亦未表露对繁华世界的期待。她想做的，是聂隐娘这样的绝世女侠，是荆轲这样为天下苍生着想的杀手，是盖聂这样风华绝代的剑客。不矫揉，不造作，活得真实而自然。

因为这首词，吕碧城给樊增祥留下了深刻的印象，他们也成了相当要好的朋友。很多年以后，有着"才子"和"诗论大家"美誉的樊增祥写诗称赞她道：

侠骨柔肠只自怜，春寒写遍衍波笺。
十三娘与无双女，知是诗仙与剑仙？

后来，樊增祥又编辑出版了《吕碧城诗词》，并且他极为喜欢吕碧城的一首《浪淘沙》：

寒意透云帱，宝篆烟浮。夜深听雨小红楼。姹紫嫣红零落否？人替花愁。

临远怕凝眸，草腻波柔。隔帘咫尺是西洲。来日送春兼送别，花替人愁。

他在这首词旁亲笔批注："漱玉（李清照曾著有《漱玉词》）犹当避席，断肠集（宋代著名才女朱淑真词集名）勿论矣。"

古往今来，不知多少青年才俊，"为赋新词强说愁"，不知多少文人骚客，"吟安一个字，捻断数根须"，然而"文章本天成，妙手偶得之"。吕碧城，这个才12岁的女孩子，只纤纤素手一挥，便惊艳了岁月，温柔了时光。

然而，在那样一个"女子无才便是德"的时代，女性的才华不论怎样耀眼，都只不过是点缀在男人们锦袍上的一点星光罢了。最好的结果，不过是她们在青年时期能够得三两知交好友，谈论诗词歌赋，去观察、去热爱她们所感兴趣的一切，去交流彼此内心最真切的想法。然而不论她们在这一时期过得怎样快乐，到了一定年纪，她们的最终命运依旧是由父母长辈安排，嫁与一个富贵之家。

吕碧城，虽然她的才华已足够惊艳，可是她却依旧未能逃脱那样的命运。9岁时，她便被议婚于同邑一户汪姓的人家，翌年，她正式和汪家订婚。

不知吕碧城的父亲为何会看上姓汪这家的男子，但是按照那时的规则，不难猜测那户汪姓人家大概家底丰厚，谈得上与吕家门当户对。可谁都知道，有些东西并不是金钱能衡量的，以吕碧城的才华，这世间又有什么人能配得上她？

人们常说，上帝是公平的，它为你关上了一扇门的同时，也为你打开了一扇窗。对于吕碧城来说，如果生在富贵之家、书香门第算是上帝为她打开的那扇窗的话，那么生在一个父母之命、媒妁之言的婚姻包办时代，便是上帝为她关上的那扇大门。

不仅如此，在那样一个年纪，根本没有任何人给吕碧城一个叩开那扇大门的机会。

如果没有后来的事，吕碧城的人生大概会这样度过：结婚、生子、相夫教子，直至苍颜白发，郁郁终生。那个精于词画、长袖善舞的吕碧城便再也不会出现在人们的视野中，这世上只会多出一个封建的旧式家庭妇女。

一个风华绝代，让世人刮目相看的女子忽然有了被雪藏的危险，一个惊才绝艳，让纷繁乱世都增添一抹亮色的女子似乎再也没有出门的机会了。大概很多年以后，人们只会在诗词典籍、吉光片羽里面找寻她的踪迹，然后偶尔感叹原来世上还有这么一个惊艳的女子，但迅速又将之抛诸脑后。因为未曾展现的才华，终究只是别人口中的掌故。未曾真正惊艳这个世间的女子，不论怎样优秀也只是别人眼中的红粉骷髅。

明珠蒙尘，沧海遗珠。这大概是这个世上最为可惜的事情了。

然而世事只按照实际发展，从未有过"假如"二字的轨迹。

1895年，吕凤岐在六安的新居和藏书室落成，这座新宅建造耗时三年，工程浩大，花费也自然不菲。吕凤岐是爱书之人，这座新宅内，更是足足珍藏了3万册书籍。新宅落成之日恰逢吕凤岐59岁大寿，城内富户乡绅均受邀前来参观祝贺，吕凤岐与诸友推杯换盏，酣畅淋漓。

就在这件事情后不久，一个雨过天晴的日子，吕凤岐登山远望，欣赏远处空蒙山色，不料雨后山滑，吕凤岐竟从山上跌落下来，从此一病不起，不久撒手人寰。

人的生命，有时候竟会如此脆弱。

吕碧城：
我到人间只此回

[3] 梦冷旧阙

鲁迅在《纪念刘和珍君》里说："我向来是不惮以最坏的恶意来推测中国人的，然而我还不料，也不信会下劣凶残到这地步。"

吕凤岐在世的时候，不论怎样孱弱衰老，他都是吕碧城母女几人一棵遮风挡雨的大树，使她们可以不受风霜雨雪的压迫。但是吕凤岐逝世之后，吕碧城几个姊妹和母亲的处境迅速恶变，她们的遭遇大抵也就如同鲁迅所说的这样。

吕碧城姊妹几个还未从父亲离世的悲痛中缓过神来，吕氏族人就纷纷带着人找上门来，要争夺吕凤岐留下的财产。吕凤岐的次子和长子都先后逝世，家中再无男丁，而按照清末时的宗族制度，这样的绝户女子大多是没有继承权的。

《四库》本《大清律例》（卷八）更是明确指出："无子者，许令同宗昭穆相当之侄承继。先尽同父周亲，次及大功、小功、缌麻，如俱无，方许择立远房及同姓为嗣。"意思是说四世以内的所有侄子都有被立嗣的机会。一旦嗣子选立，继承了绝后之户的宗祧，财产自然归嗣子继承。这样一来，等于实质剥夺了户绝之女的财产继承权。

那些族人们为了争夺吕凤岐留下的财产，开始钩心斗角，甚至严加逼迫，出言威胁。吕碧城母女或是将族人早已看透，或是被严苛女性的封建宗法逼得再也无路可走，她们终于交出了所有财产。

原本快快乐乐的家庭，只因家中大树的倒塌，便失去了应有的幸福，余下弱母幼女，又遭族人欺凌，原本可以留下来作为依靠的财产，更是被强横掠夺。往日的欢声笑语，似乎还犹在耳畔，父亲那和蔼的笑容犹在眼前，无忧无虑的生活还在缓缓回放，但又有谁会料到，一夕之间，风云变幻竟至于斯。

许多年以后，二姐吕美荪回忆那时所历经的景象，似乎依旧历历在目。她在自己的文集《葂丽园随笔》中记叙道："年十四，先父见背。吾母以两子早丧，性仁柔，不能保遗产，族中之不肖者，尽霸占所有，复幽禁余母女数人。"

吕美荪笔下不过数十余字，文字也并无出彩的地方，平平淡淡就像是在记叙别人的事情，可是往往越是深刻，表现出来就越是平凡。谁又能真正体会，甚至是想象到，吕碧城姊妹几个和母亲严士瑜所经历的事情。

有时候，一件事一旦深深刻入一个人的心里，便再难教人忘记，它甚至会一直影响着这个人，直到她再也记不起任何东西，直到她离开这个世界。对于吕碧城来说，姊妹几个和母亲被族人欺凌，被他们夺取财产，就如同烙刑，狠狠地在她心里烙上了一个鲜血淋漓的伤疤。

它不仅使吕碧城失去了以前所有的快乐，更让她变成了随时蜷曲着的刺猬，从此看向这个世界的目光都充满戒备，难以相信他人。

一朵花，还没绽放，便感受到了料峭的春寒；一株梅，还未露蕊，便感受到了阴冷的北风；吕碧城，这个年仅12岁的小女生，还未完全了解这个这世界，便开始瞥见人性的肮脏与阴暗……

父亲撒手人寰，家中只剩下几个年幼的姐妹和手无缚鸡之力的母亲，家中财产又被夺。世事变幻之间，一切似乎都显得艰难起来。

然而日子不论怎样艰难，终究还是要过下去的。

这个时候，一向看似柔弱的母亲，在几个年幼的孩子面前，似乎迸发出了强大的力量，来支撑整个家。出身书香门第的母亲自然并非一般女子，起码在看事情的眼光上，就有着一般女子所远远不及的远见卓识。

1896年，严士瑜带着年仅13岁的吕碧城来到天津。严士瑜此行的目的，就是将女儿吕碧城托付给自己的兄弟严朗轩。此时的严朗轩担任天津塘沽盐课司大使，虽然不过是个小官，但是对于在安徽老家受尽欺凌的母女来说，这里无疑是比老家要好上千万倍的地方。

第二次鸦片战争之后，1860年10月24日，清政府委派钦差大臣奕䜣与英国全权代表额尔金在北京签订了《北京条约》，其中的一条就是开天津为商埠。

此时的天津，早已不是之前闭关锁国时的样子。作为全国开风气之先的地方，这里比之老家徽州更加发达，人文风气也更加开放。在这里，吕碧城将拥有更好的生活条件和教育条件，等待她的，也是一个更为广阔的天地。

这里，也将是吕碧城真正惊艳整个民国的起点。

就在吕碧城被送到天津不过几年后，有一件事情终于触怒了一向温和的她。家产被族人夺取之后的那几年，大姐吕惠如、二姐吕美荪和吕碧城几人都选择了在外谋生。而原本居住在六安的母亲严士瑜和幼妹贤满，或许是因为早已被吕氏族人伤透了心，选择搬到了安徽来安的娘家。

但是母女二人万万没有想到，她们虽然离开了狼窝，但却又走入了虎穴。来安的亲戚们，似乎更加凶恶。或许是因为他们觉得吕家母女的手上还留有吕凤岐留下的部分钱财，这一次，他们将坏主意打到了吕家母女的头上。

他们直接与穷凶极恶的土匪沟通，竟将吕碧城的母亲与妹妹软禁起来，似有如果不交出吕凤岐剩下的财产就准备动手的意思。

严士瑜万万没有想到他们竟会卑劣无耻到这种地步。忍无可忍之下，严士瑜和幼女贤满只得选择了另一条生路——饮鸩自杀。然而上天似乎又是眷顾着吕氏母女的,就在她们饮下毒药后,当地县令发现了这一事件,并全力将她们救活了。

吕碧城和姐姐吕惠如听到这个消息之后,不由得惊呆了,但是更多的却是愤怒。吕氏母女的日子本就过得艰难,但仿佛越是艰难,便越是受人欺凌。这一次,吕碧城没有打算忍下去。

此时的吕惠如早已出嫁,在社会上已经积累了一定人脉。吕碧城在经历了被吕氏族人夺取财产之事后,也似乎对这个社会有了更加深刻的认识。

姐妹二人开始给父亲生前的那些知交好友、门生故旧写信求援。但是,大多数人给他们的回音却是无可奈何。也就是在这个时候,父亲的至交,时任江宁布政使、两江总督的樊增祥向吕氏母女伸出了援手。他本就与吕凤岐相交不浅,更何况吕碧城给他留下了深刻印象,于是他特意从南京派兵,将那伙土匪恶霸一网打尽。

历史的烟云将现在与过去的距离笼罩,我们无从知晓吕碧城姊妹和母亲那时的心情到底如何,但是从二姐吕美荪写的诗词里可以略窥一二:

> 覆巢毁卵去乡里,相携痛哭长河滨。
> 途穷日暮空踯躅,朔风谁怜吹葛巾。

家毁巢覆,末日穷途。这八个字,大概是对吕碧城一家当时处境最好的形容。而眼泪和寒风,则成了她们伤心欲绝的最好注脚。

[4] 断红谁系

佛说："前世五百次的回眸，才换得今生的一次擦肩而过。"如果你能真的在这滚滚红尘中遇到那么一个人，那大概是你前世已无数次与他擦肩而过。

错过，抑或是相遇，终归是要缘分的。而这世间，缘起缘落大概是前世已有了定数。缘深之人，注定再次白头到老、不离不弃；缘浅之人，大抵今生只能成为彼此的匆匆过客……

吕碧城，有人说她也许就是偶然落入这世间的一个仙子，她前世不曾与谁擦肩而过，因此这世上便再难有能配得上她的男子。然而，不管她乐意或是不乐意，缘分的的确确是眷顾过她的。

不知吕碧城如何作想，9岁时，家里给她和汪家公子定下的那门亲事，应当是上天赐给她的一份姻缘。事实上，吕碧城也许是可以与那位汪家公子走到一起的，只可惜他们之间，缘分太浅。

早在二人订婚之时，吕碧城的母亲就上了一趟庐山，并在供奉吕洞宾的仙人洞问卜吕碧城的婚事，得签曰："两地家居共一山，如何似隔鬼门关？日月如梭人易老，许多劳碌不如闲。"这个签，明显点明，吕汪两家，虽同处一地，但是并不和谐，因此二人最后难以走到一起，似乎也是冥冥之中安排好的。

　　爱情这件事，虽然看重缘分，但是实际上，努力在其中却占着决定性的作用。而吕碧城和汪氏公子婚姻的分崩离析，很大一部分原因要归结于汪氏的势利心态。

　　自从吕凤岐去世之后，吕氏母女的财产被族人所夺，家中声望一落千丈。作为在当地家底不菲的高门大户，此时的汪氏，大概早已觉得吕碧城不再是与自家公子门当户对了。即便两家定了亲，也许在吕凤岐死去的时候，他们早就想好了应该摆脱这门对他们来说"不公平"的亲事。

　　关于中国古代议婚制，白居易很早就提出了自己的看法："法贫为时所弃，富为时所趋。"天下熙熙，皆为利来；天下攘攘，皆为利往。可是爱情，本应该是这世上晶莹似雪、坚硬如金的东西，一旦它与利益纠缠起来，便变得俗不可耐，再也没有了它吸引世人的魅力。

　　吕氏母女在来安遭劫，给了汪氏家族一个极好的借口。中国人一直非常看重名声，封建时代更是如此，吕氏母女的遭遇不仅没能引起他们的同情，让他们施以援手，他们反而觉得亲家遭遇这样的事让汪氏蒙羞。一旦吕碧城嫁入汪家，也必然会给汪家带来不好的名声。

　　更何况，吕氏母女遭劫，是大姐吕惠如和吕碧城二人在向父亲生前的亲朋故旧求援。吕惠如已经出嫁，与汪氏自然是扯不上什么联系，可是吕碧城就不同了，她与汪家公子有婚约在身，以后可是要嫁入汪氏的。

　　此时的吕碧城，便已经有了如此能耐，竟能如此搅弄风云，她一旦嫁入汪氏，那还不将汪氏搅个天翻地覆？汪氏要的，是一个温柔贤淑、安静听话的吕碧城，而不是一个搅风弄雨的吕碧城。

　　因此，汪氏家族再难忍受吕碧城这样一个奇女子嫁入汪家，便派人向吕氏母女提出解除婚约。吕氏母女之前并不是没有过这样的担心，她们或是早已预料到这样的情况，但是在接到汪氏传来的明确消息后，她们的心头还是被狠狠一击。

　　清朝末年，几乎各地都充斥着各种牌坊，而徽州的牌坊更是与民居、古祠堂并列，成为"徽州三绝"之一。而表彰女子气节名声的牌坊，更是在徽州的贞节牌坊里占着极大比重。这也充分说明，徽州女子对于气节名声的看重，而吕碧城这样以聂隐娘、荆轲、盖聂这样的侠客为榜样的女子，表面柔弱，实则刚强，对于名声更是看重。

汪氏的这次退婚，不仅给吕碧城的未来蒙上了一层阴影，也对于她后来对待婚姻的态度产生了非常消极的影响。

吕碧城曾幻想过自己与汪氏公子结婚后的情形吗？

应该是想过的吧。

她应该幻想过自己披上大红的婚纱，搭上喜庆的盖头，在众人的祝贺中与汪氏公子成婚的情形；她应该幻想过那个从未曾见面，但却要伴随自己一生的人的样子：他是军人一般阳刚帅气，或是徽商一般儒雅俊然，或者他是个文采非凡的翩翩公子；她也应该幻想过结婚之后，醉心诗书，相夫教子的生活……

然而这一次，婚姻仿如深夜入睡时突然袭来的一场梦境，似真似假，如梦如幻，来得很快，去得也快。

少年失怙，又被夫家退亲。有时候，命运对吕碧城来说，真是太过残酷。很多年以后，当她还是孤孤单单一个人的时候，也许是在某个深夜，她回想起年少时所历经的坎坷沧桑，写下了《感怀》诗二首：

燕子飘零桂栋摧，乌衣门巷剧堪哀。登临试望乡关道，一片斜阳惨不开。

荆枝椿树两凋伤，回首家园总断肠。剩有幽兰霜雪里，不因清苦减芬芳。

这两首诗，前一首是吕碧城完全在回忆少年时所经历的苦楚，读来凄婉动人，不胜悲凉；第二首，前两句虽然凄清，但是后面却笔锋一转，吕碧城以幽兰自比，即便遍历艰辛，但是却还是要保持自己的品格。

坎坷，对于大多数人来说，是生命里的劫难，让人觉得生活怎么会如此艰难。但对于另一部分人来说，它也许是个好东西，就像是名贵树种里的疖瘤，疖瘤越大，打磨出来的首饰就越名贵。它砥砺人的性格，培养人的坚强，让人知道这就是生活本来的样子。

吕碧城，这个弱女子，在经过了生命赠予的快乐和欢笑之后，又历经了它所给予的困苦。所谓繁华历经，沧桑砥砺，在经历困苦之后，她终于凤凰涅槃，以一种全新的姿态去面对生活，面对生命，面对未来将会出现在她生命里的一切荣耀……

正所谓，经得起多大诋毁，就受得起多大赞美。

[5] 天涯一别

每个人都应该迷茫过。

小的时候,我们会迷茫这个世界到底是怎样的;青春的时候我们会迷茫人生的下一段路自己到底该怎么走;中年的时候,我们会迷茫这滚滚红尘中,茫茫人海里自己到底该做些什么才能改变自己的落魄现状;老年的时候,我们会迷茫自己到底给这个世界留下了些什么,等自己告别这个世界,到底是去往天堂还是地狱……

吕碧城迷茫过吗?她应该也迷茫过吧。

在父亲永远离开她,她再也不可能听到他的欢声笑语、谆谆教诲时;当家产被吕氏族人所夺,她猛然发现身边竟无人可信的时候;当她知晓自己就要离开生活多年的徽州,被母亲严士瑜送到舅父那里的时候……

她的心,在那些时候又何尝不是迷茫的。

吕碧城被母亲送至天津舅父那里安置下来之后,似乎一切都安定了下来,她似乎也不必再迷茫了。舅父在天津做着官,虽然官职不大,但是供养她并不成问题,而且天津距离京城极近,吕碧城在这里也有了更好的生活条件,说不定她在这里还会遇上自己相伴一生的人。

这些都是对的,但是吕碧城在这样的环境下真的过得快乐吗?也许她的内心应该是相当孤苦的,母亲和姊妹都远在他乡,自己一个人寄人篱下,这样的日子即便过得再好,哪里又有什么快乐可言?

于是她的心中便隐隐滋生那样一个想法——逃离。

在《老马》一诗中,吕碧城借一匹被驱赶着拉盐车的千里驹,写出了自己虽被现实环境所拘缚,但却志在千里的雄心。

> 盐车独困感难禁,齿长空怜岁月侵。
> 石径行来蹄响暗,沙滩眠罢水痕深。
> 自知谁市千金骨,终觉难消万里心。
> 回忆一鞭红雨外,骄嘶直入杏花阴。

彼时的清王朝,在经历了列强大炮的数度轰击和太平天国的汹涌运动之后,早已是风雨飘摇。也正是因为有了这些冲击,所以当时中国先见之人和忠志之士纷纷提出了自己的救国主张,开始向西方看齐。西风东渐,默默学习西方的科技、文化以及教育,积极地讨论中国到底该走何种道路。

也就是在这样一种学习和讨论的过程中,中国的女权意识被逐渐唤醒,国内不仅开展起了解放妇女的"不缠足运动",而且开始兴办女学,主张女权,号召男女平等,并开展了积极的解放妇女运动。

正是因为有了这些先见之士的努力,清政府提出了"兴学育才实为当务之急"的主张,并通令各省大力举办新式学堂。1903年,吕碧城忽然听到了天津正在办女子学堂的消息。

天津作为中国最早开放的商埠之一,受到的西方文化的影响自然也就更大。更何况此时的天津早已开放几十年,接受先进思想的能力也就越强。

此时的吕碧城已经在天津待了近6年时间,已经20岁了。在这个正值青春的年纪,她是显得那么落落大方、风姿绰约。即便是站在京津这个贵妇名媛数不胜数的地方,也依旧有着她特别的光芒。

因为她的美丽,所以后来樊增祥曾赠诗给她"天然眉目含英气,到处湖山养性灵"，亦有人曾经写诗赞她"冰雪聪明芙蓉色"。但是一个女人被男人所赞美并算不得什么，真正值得骄傲的是，一个女人不仅被异性赞美，更被同性所崇拜，而吕碧城恰恰就做到了这一点。

比吕碧城晚出生十四年的安徽籍才女苏雪林曾著文回忆："我记得曾从某杂志剪下她一幅玉照，着黑色薄纱的舞衫，胸前及腰以下绣孔雀翎，头上插翠羽数支，美艳有如仙子。此像曾供养多年，抗战发生，入蜀始失，可见我对这位女词人如何钦慕了。"

外貌上的美丽虽然动人，可是认识上和学识上的进步同样也是极具魅力的。在舅父家中的那几年，吕碧城对西方文化已经有了一些了解，并且对于国家现状和时事有了一定的看法。在全国都掀起救亡图存热潮的环境下，吕碧城自然也希望自己能够为国家尽一份自己的力量。

当她知道天津女子学堂要开办之后，自然是喜不自胜，立即产生了奔赴女学的念头。但是她知道，舅父作为清政府官员，脑子里定然还残留着关于传统道德对女性的要求，是定然不许自己去的。

也就是在这年春天，吕碧城得到了一个消息，舅父的秘书方小洲的太太将要去往天津。塘沽距离天津极近，吕碧城又好不容易得到了这么一个机会，岂会错过良机。她很快便向方太太提出了自己的想法，方太太一开始自然是不同意的，可是她实在经不住吕碧城的苦苦要求，最终还是点头答应了。

吕碧城秘密地收拾好了东西，准备时机一到就随方太太一同出发。这一次，关了笼中数十年的鸟儿，终于要离开牢笼，展翅飞翔了。然而，就在吕碧城梦想着自己奔赴女学的时候，舅父不知怎么知道了这个消息。

舅父一向是疼爱吕碧城的，她的聪颖和才华为舅父所喜。可是经历了封建教育的他又决不允许吕碧城像个男人般抛头露面，出去闯荡。舅父将吕碧城狠狠骂了一顿。

此时的吕碧城，尚处在青春的年纪，反叛心理自然极强，面对舅父的训斥，虽然表面上并没有表现出什么，但是内心却十分生气。她的心中已早早憋了一股子气,你不让我去,我便偏要去。更何况吕碧城对女学的的确确非常感兴趣。

就在被舅父责骂的第二天,吕碧城逮着了一个机会,趁着家人不备,偷偷溜了出去。

这一次,吕碧城,终于能主宰自己的命运了。

第二章 春风得意马蹄疾

[1] 柳暗花明

每一个车站，都应当有两个别称——故地和远方。前者是梦想出发地，后者则是梦想的终点。

1903年的春天，塘沽的微风还带着冬季未曾完全褪去的寒意，绿柳白杨也还未敢冒头抽出新芽。但在塘沽火车站里，却已充斥着人来人往、摩肩接踵的旅客。

一个落落大方的姑娘，安静地站在这不断穿行的人潮中，显得格外突兀。与其他提着大包小包的乘客相比，这个姑娘显得格外轻松，因为她的手上空空的，连一个小包裹都没有。这个姑娘的表情，也显得十分局促不安，因为她知道自己身无分文，甚至连一张车票都买不起。

这个姑娘，自然是从舅父家中偷偷溜出来的吕碧城。

因为从家中出来得匆忙，所以她什么东西都没有带上。不仅没有带上这次去往天津的费用，甚至连自己的衣服，她都没有来得及收拾。这场奔赴女学的行动，从吕碧城出发的那一刻开始，似乎就要走向失败。

但是以吕碧城要强的性格，她又决不肯放弃。从家里逃离出来之前，她便已受到了舅父的一阵责骂，假如此时回去，那便意味着自己的所作所为根本就是一场闹剧，尚且不提舅父对待自己会是怎样的态度，恐怕连旁人那种讥讽异样的目光,她都难以忍受。

向前,自己没有准备好,甚至连一张去往天津的车票都没有,向后,这件事自己又是决不可能去做的,这样一来,吕碧城似乎到了穷途末路的境地。

吕碧城思忖了很久,还是最终做了决定——去天津,去追寻自己逃离舅父家时奔赴女学的理想。

所幸在清末,中国的一切还处在萌芽状态,也绝没有当今这样科技化的检票程序,吕碧城混在人群中,偷偷找到了一个机会,竟然混上了开往天津的火车。

"呜——"的一声,伴随着老式火车悠长而嘹亮的鸣笛,在滚滚浓烟里,吕碧城终于开始了自己的这次行程。

疾驰的列车在北方的春寒里安稳地行驶着,窗外的景致美如油画,像电影一样从吕碧城的眼眸里闪过。第一次从家中逃离,吕碧城所遇见的一切,都使她感到新鲜。原来外面的世界,竟然如此精彩。

但是眼前新鲜的景致并没有使吕碧城忘记自己的处境,自己虽然已经跳上了前往天津的列车,可是前路依旧未定。自己将要去往的是天津,可是天津两个字虽然看来简短,但是却那么大,自己现在连落脚的地方都找不到。幽暗的车厢里,年轻的吕碧城一想到这些,脸上就不禁浮现出愁容。

"姑娘这是要去哪里哦?"就在吕碧城一筹莫展的时候,她身前的一个妇女忽然和她攀谈起来。

吕碧城看了看眼前这个妇女,她的脸上带着和蔼的微笑,衣着显得很平凡,但是她的身上,却又似乎藏着一股华贵的气质。但是吕碧城心事满怀,因此回答也自然简短、明晰:"天津。"

"天津?我也要去天津。"妇人的眼睛一亮,说道。

她一路上颇为无聊,没想到此时竟然遇到一个同她一起去往天津的人,一来二去就和吕碧城攀谈了起来。吕碧城看她面向和善,也并不抵触和她交流。

就在两个人的交谈中，妇人知道了吕碧城逃离舅父家的前因后果，而吕碧城也得知，眼前这个妇人，竟然是佛照楼的老板娘。

佛照楼始建于 1880 年，是由广东人出资而建的客栈。据《天津市和平区地名志》记载，这是一幢青黑色的建筑，整幢建筑坐北向南，砖木结构，门面三间，门前的台阶连接一座拱形门廊，门廊里三面木质回廊形成一道狭长天井，居中是长长的院子，院子内有封闭式带天窗的罩棚。大门上方悬挂着刘萝扬书写的"佛照楼旅馆"金字招牌。门前的台阶通往一座光线很暗的拱形门廊，门廊里三面木质回廊形成一道狭长的天井。

这个客栈共有二十多间客房，在当时法租界内颇具名气。晚清著名小说家吴趼人在《二十年目睹之怪现状》第 67 和 69 回，曾两次提到天津的佛照楼："凡是富商显宦，路过天津，都向那里投止。广东人自不消说，除了他家，再也不向别家歇宿了。"

佛照楼人气之旺，可见一斑。

就连 1894 年 6 月，孙中山从上海乘船北上来天津向晚清重臣李鸿章上书救国安民之策，在法租界紫竹林码头登岸后，下榻地点也是佛照楼。只可惜在百年之后，因世事发展，佛照楼还是免不了被拆迁，消失在历史的长河里。

"山重水复疑无路，柳暗花明又一村。"有时候，生活竟如此奇妙，前一秒你还在困顿之中，前路未明，下一秒，却又让你豁然开朗，路遇贵人。吕碧城尚不清楚自己到达天津后将去往何处，便在火车上遇到了佛照楼的老板娘，更为关键的是，佛照楼的老板娘在知晓了吕碧城的经历后，不仅将吕碧城的车票钱付了，而且还将吕碧城带回佛照楼，将她暂时安顿下来。

吕碧城的这次出逃，第一步终于安定下来。

每一段旅程，终归会抵达终点。

列车终于开进天津，吕碧城眼前的景象也发生了极大的变化。天津城里，穿着长袍马褂和西装的人群相互混杂，沿街叫卖的商铺更是数不胜数，路边的戏院茶楼里也是热闹非凡。

佛照楼的老板娘将她安顿在了家中，好吃好喝地招呼着，使她不用再风餐露宿。

虽然暂时得以安稳，但是吕碧城知道，寄人篱下绝不是长久之计，此时自己唯一的希望便寄托在已经到达天津的方太太身上了。但是怎么样才能找到方太太，她心中并无方法，因此只有再次向老板娘求助了。

对于吕碧城的请求，老板娘自然是一口应承了下来，并且随后就帮吕碧城在天津城内打听了起来。

等待自然是痛苦的，但是吕碧城却又不得不等待。她每天待在自己房中，只希望佛照楼这位和善的老板娘能够早些打听到方太太的消息，让自己也早点安定下来。

好在佛照楼在天津经营多年，老板娘的人脉自然非常人能比，没过几天，她便帮吕碧城打听到了方太太的消息。原来此时方太太正居住在《大公报》报馆中。

得知消息后，急不可耐的吕碧城立即给她写了一封信，信中吕碧城详细交代了自己逃离舅父家又被佛照楼老板娘收留的始末，同时亦倾诉了自己内心真正的想法，并且表达了自己热切渴望得到方太太帮助的愿望。

这封信流畅明了，简洁易懂，读来不免让人颇为感动。

将这封信寄出去之后，吕碧城又一次陷入了漫长的等待。这一次，她没能等到方太太，反倒等到了另一个人——英敛之。

[2] 与君初识

若要论中国发行时间最长的中文报纸,《大公报》绝对可以称得上其中之一。该报纸自1902年6月17日在天津法租界首次出版以来,前后历时百年,其中虽屡有断绝,但却又多次蓬勃发展起来。在民国时,它更是遍地开花,上海版、天津版、重庆版等版本同步发行,在全国销量处于绝对领先位置。

若要论中国报业最早的先驱,英敛之绝对是其中之一。因为《大公报》——这份中国创办年份最早、影响力最大的报纸之一,便是由英敛之创办的。

英敛之,字敛之,号安蹇斋主、万松野人,天主教徒,为满族正红旗赫舍里氏,中国近代报刊著名出版家。

1867年11月23日,英敛之出生于北京西郊。幼年时,英敛之家中贫寒,他又仰慕江湖游侠,因此醉心习武。后来或是觉得习武只能强一人之身体,从文却可以挽救国家危亡,于是便弃武从文。

英敛之天资聪慧,又勤学苦读,文章和书法很快便小有所成。随后他开始在报纸上发表文章,并且积累了一定名气。1898年6月,以康有为、梁启超为主的维新派开始戊戌变法运动后,中国知识分子大受影响,而英敛之亦是其中之一。也就是从这时开始,英敛之开始在报纸上发表了一系列关注国事、品评时事的文章。

戊戌变法失败之后,光绪被囚,"六君子"喋血刑场,大批进步人士遭到清政府的追捕,康有为逃往日本,英敛之害怕被株连,亦逃至天津,后来又辗转到上海。

1902年6月17日,在友人的帮助下,英敛之主办的《大公报》在天津创刊。在《大公报》创刊号上,英敛之专门撰写了《〈大公报〉序》,并且表明:"报之宗旨在开风气,牖民智,挹彼欧西学术,启我同胞聪明。……凡我同人亦当猛自策励,坚善与人同之志,扩大公无我之怀,顾名思义,不负所学,但冀风移俗易,国富民强,物无灾苦,人有乐康,则于同人之志尝焉,鄙人之心慰已。"

而且在《大公报》发行的第一天,他就特意安排刊发了一篇题为《戒缠足说》的白话文章,此后还参与创办天足会,推动女性解放自己的足,并解放自己的心灵。

《大公报》的创刊号,足足销售了5000份,这使得英敛之高兴得"夜不能寐",同时也使得他一下子在京津地区声名鹊起,成了当地的风云人物。

那么像英敛之这样一个风云人物,又是如何认识吕碧城的呢?一切都要归结于吕碧城的那封信。此时的英敛之,正担任《大公报》的总经理,并且总揽这份报纸的言论和经营大权。

一天,在报馆处理事务的他恰好看到了吕碧城寄来的信,一个陌生人的来信自然引起了他的好奇心,于是他便将这封信拆开来。可当他看到这封信之后,目光却再也移不开了。

他惊叹于吕碧城文采之斐然,用词之精准,叙述之流利,同时他亦同情吕碧城的遭遇,觉得这不是一个寻常女子。更何况,吕碧城还写得一手清新飘逸、秀丽颀长的字。

字写得好不好这个问题,很多人都关注。秦朝时期,学生需要学习应用于各种场合的不同字体——刻符、虫书、摹印、署书、殳书等,以至于

第二章
春风得意马蹄疾

他们常常连续练习写一个字。隋唐时，皇室弟子人人都必须学习书法，而且书法也是读书人的必修课，列于国子监直属七学之内。明清时，书法则是科举考试的重要项目。

康熙六十年，东昌府聊城县（今聊城市）人邓钟岳进京赶考，殿试结果名列前茅，但是文章却算不上出色。等所有文章被主考官送给康熙批阅的时候，康熙实在是惊讶于邓钟岳书法之秀丽，于是便在他的试卷上批了八个字："文章平平，字压天下"，并钦点他为头名状元。

另一位与之相反的则是龚自珍，论才情，论学问，论见识，写出了"落红不是无情物，化作春泥更护花"这样名句的人，自是鲜有人匹敌。可是他却一生未能进清朝翰林院，因为翰林院院长曹振镛是个极为重视字的人，凡是进翰林院的，不论文章如何，一定要写得一手以董其昌、赵孟頫二家书法为基础的馆阁体。无奈龚自珍如何也写不好这种字体。

因此，当英敛之看到吕碧城的书信之后，当即决定去见一见这位才情非凡的女子。

英敛之和吕碧城见面，是在佛照楼里。这时的吕碧城已经在佛照楼里等了几天方太太的回音了，可是却并没有收到任何回信。所以，当《大公报》的总经理英敛之过来时，她自然十分惊奇。

眼前的英敛之，穿着一身一尘不染的西装，戴着一顶帽子，浓眉大眼，精神十足，整个人的身上都带着一股绅士、儒雅的气质。

吕碧城自然已经猜测出眼前的这个男人不平凡，而且似乎有所预感，也许眼前这个男人将会帮助自己走出目前的困境。

而英敛之眼中的吕碧城，漂亮优雅，虽然历经磨难，但是眉宇间却又暗藏着一股若隐若现的英气，十分符合他想象的样子。

随后，英敛之便做了自我介绍，然后又将自己看过吕碧城的信以及看信的感受同她讲了，表示自己很欣赏吕碧城的才华。而吕碧城亦和他攀谈了起来，两个人交谈了一段时间之后，对彼此都有了一定了解。

最终，英敛之向吕碧城说出了自己的真实目的——聘请她到《大公报》

当助理编辑。

适时《大公报》刚刚创刊，虽然这份报纸已经在京津地区有了一定名气，但是英敛之却希望《大公报》能够得到进一步发展，并继续扩大它的影响力。办报最需要的就是人才，但此时国内的报纸行业正在迅猛发展，人才十分稀缺，同时《大公报》刚好缺少一个编辑，所以当英敛之和吕碧城见面之后，很自然地便提出了这个问题。

本来吕碧城正在等待方太太的回信，以摆脱暂时寄人篱下的困境，英敛之的到来，恰如一场久旱后的甘霖，吕碧城又怎么会拒绝呢？于是，吕碧城很快便答应下来。

逃离舅父家，陷入困境，路遇佛照楼老板娘并且得到她的收留，随后自己的信件又偶然被《大公报》总经理英敛之看到，而且他恰好又极为欣赏自己的文采，随后自己又被聘为《大公报》的助理编辑。在短短时间里遭遇的这些，对吕碧城来说如梦似幻，但却又真实可感。

很多年以后，当吕碧城早已名噪全国时，她在自己的名作《欧美漫游录·予之宗教观》一书中曾用浪漫唯美的笔致动情地回忆道："塘沽距津甚近。某日，舅署中秘书方某之夫人赴津，予约与同往探访女学。濒行被舅父骂阻，予忿甚，决与脱离。翌日，逃登火车，车中遇佛照楼主妇，挈往津寓。予不帷无旅费，即行装亦无之。年幼气盛，铤而走险。知方夫人寓大公报馆，乃弛函畅诉。函为该报总理英君所见，大加叹赏，亲谒，邀与方夫人同居，且委襄编辑。"

中国历史学家在解读中国历史时，总喜欢给中国历史进行分段，或是按朝代，或是按历史大事件。如果要给吕碧城的人生也做一个分段的话，我想吕碧城成为《大公报》编辑，应当是她人生的第一个逗号。

在她成为《大公报》的编辑之前，她的人生基本都是在依靠，而且黑白分明。以父亲吕凤岐逝去为节点，在这之前她依靠着父亲吕凤岐，而且家庭富裕，父母慈爱，姊妹友好，人生的这段时光明媚而浪漫。在父亲逝去之后吕碧城依靠的则是舅父，虽然舅父非常疼爱她，可是她的生活却还是孤独、冷寂，寄人篱下。而且在依靠父亲和舅父间，她还经历了家产被吕氏族人所夺这样一段黑暗的岁月。

只有在吕碧城决定真正逃离的那一刻，她才开始独立。只有在英敛之聘任吕碧城为《大公报》助理编辑的那一刻，吕碧城才真正不再依靠谁，真正掌握了自己的命运。

托尔斯泰说："当苦难来访时，有些人跟着一飞冲天，也有些人因之倒地不起。"吕碧城，大概就是托尔斯泰所说的那种一飞冲天的女子，在历经了少年失怙、家产被夺、寄人篱下一系列的苦难遭遇之后，吕碧城终于抓住了幸运女神的尾巴。

[3] 声名鹊起

　　晦暗神州,欣曙光一线遥射。问何人,女权高唱,若安达克?雪浪千寻悲业海,风潮廿纪看东亚。听青闺挥涕发狂言,君休讶。

　　幽与闭,长如夜。羁与绊,无休歇。叩帝阍不见,怀愤难泻。遍地离魂招未得,一腔热血无从洒。叹蛙居井底愿频违,情空惹。

　　吕碧城的词写得很好,樊增祥是知道的,可是发掘吕碧城作为《大公报》编辑的英敛之却并不知道。真正让英敛之认识到吕碧城写词才华的,是吕碧城写的这首《满江红·感怀》。

　　1904年5月8日。

　　沉沉的夕阳即将落下,绚丽的火烧云像是含羞的姑娘,遥遥地躲在西边。也就是在这样一个夜晚,吕碧城和英敛之以及方太太等几人讨论起了当今中国之变化。在场的大多是女性,既然谈中国之变化,自然会谈到那时的中国女权。

　　吕碧城历经这么多年的苦难,深深明白独立的重要性,因此她自然对女权这个问题格外关注。当大家开始谈这个问题时,吕碧城便再也按捺不住性子,滔滔不绝地讲了起来,而大家都在一边听着,每当吕碧城讲到动情处和精彩处时，大家都忍不住连连称赞。

众人围绕女权这个话题聊到晚上十二点才散去，然而吕碧城似乎觉得还未尽兴，在大家都离去之后填了这曲《满江红·感怀》。

吕碧城所填写的《满江红·感怀》，用词瑰丽大气，豪迈之情尽显，不似一般女子所作。而且在这首词中，吕碧城还一连引用了当时的两个知名人物：若安和达克。

这两个人，前者是法国大革命时吉伦特党著名政治领袖罗兰夫人，一生为了自己的理想而奋斗，最终微笑面对死亡。后者则有一个我们更加熟知的名字——圣女贞德。在英法百年战争中她带领法国军队对抗英军的入侵，并于1429年解奥尔良之围，成为闻名法国的女英雄。但是在随后的一次战斗中被捕成为俘虏，被用火刑处死。直到1456年她才得以平反，并于500年后在梵蒂冈封圣。

这两个著名人物，都有一个共同的特点，那就是为国家、为女性解放运动做出了巨大贡献。

所谓"文章合为时而著，诗歌合为事而作"，吕碧城写下这首词，所要表明的，便是自己以罗兰夫人和圣女贞德为偶像：救国救民，高唱女权。

这首词写就的第二天，吕碧城便将它交给了英敛之。英敛之看后不由大惊，一个女子怎么能写出这样大气雄浑的词作来？当即，他决定将这首词作发表在《大公报》上。适时《大公报》早已宣传女权多时了，但是之前为《大公报》写女性解放类文章的，大多是男性。有什么能比一个女性来宣传女性解放更好的呢？

英敛之素来有记日记的习惯，在当日夜里的日记里，他写下了这样一句话："碧城女史曩作《满江红》词一阕，极佳。"英敛之本人就是才华横溢的报业人才，他的诗词文章本就不错，眼光也自是非常人可比，单是"极佳"二字，便足以说明吕碧城这首词非常优秀了。

第二天，这首词发表在了当日的《大公报》上，而且为了显示和增加

这首词的分量,身为《大公报》总经理的英敛之还借自己夫人"洁清女史"的名义为这首词写了跋:

> 历来所传闺阁笔墨,或托名游戏,或捉刀代笔者,盖往往然也。昨蒙碧城女史辱临,以敝蕙索书,对客挥毫,极淋漓慷慨之致,夫女中豪杰也。女史悲中国学术之未兴,女权之不振,亟思从事西学,力挽颓风,且思想极新,志趣颇壮,不徒吟风弄月,摛藻扬芬已也。裙钗伴中得未曾有。予何幸获此良友,而启予愚昧也。钦佩之余,忻识数语,希邀附骥之荣云。

这段话,首先便肯定了吕碧城的词与历代文人所作的闺阁笔墨不同。其次,便肯定了吕碧城这首词的雄浑大气、豪放慷慨。接着又赞扬了吕碧城是女中豪杰,表示了对吕碧城高唱女权的肯定以及自己对吕碧城的钦佩。

吕碧城的这首词作在当日的《大公报》一发表,便宛如平地一声惊雷,震动了整个京津地区。要知道,虽然当时中国已经掀起了女性解放主义思潮,但是传统封建道德却依旧有着强大阻力,此时的女子大多还是待在闺阁之中,顺从父母之命、媒妁之言嫁与一个好人家。她们终身的命运不过是围着丈夫、儿子、三尺灶台碌碌一生。这一声惊雷,如同在沉沉的黑夜里闪过一抹光,照亮整个夜空,昭示着黎明的到来。

而且那时中国的女性解放主义,有一个非常奇怪的现象,参与女权主义活动的,竟然大多是男性。《大公报》突然推出这么一个女性解放主义代言人,便是女性在为自己呐喊,自然也更加名正言顺。

"吕碧城"这三个字一夜成名,从此便载入整个繁华缭乱、战火纷飞的民国,载入中国女权运动的史册,也载入中国所有女权主义运动者的心中。

吕碧城在发表《满江红·感怀》后,便进入了一个创作的井喷期。有着《大公报》这个良好平台的她,也以此聚集了更多的人气。之后,吕碧城又发表了另一首赢得众人赞誉的词《舟过渤海偶成》：

> 旗翻五色卷长风，万里波涛过眼中。
> 别有奇愁消不尽，楼船高处望辽东。

这首诗的背景是著名的日俄战争，即 1904 年 2 月，日俄两国因利益纠纷在中国的土地上发生的战争。按照一个正常国家的主权完整来说，这样的事情是绝对不被允许的。但是清政府软弱无能，不仅没能阻止这样的事情，反而在当月 12 日宣布"局外中立"，划辽河以东地区为日俄两军"交战区"，并严令地方军政长官对人民群众"加意严防""切实弹压"。

在这首诗中，吕碧城热情地描绘了中国渤海湾风景的美好，勾勒了大海的雄奇辽阔，但此时在渤海湾里飘着的，却不是中国船只上的旗帜，而是列强各种各样颜色的旗帜。此情此景，吕碧城心中怎能不感到憋屈和痛苦？

为了增加《满江红·感怀》的影响力，在发表吕碧城的这首《舟过渤海偶成》的同时，《大公报》还在代表报社立场宗旨的"论说"栏中发表了《读碧城女史诗词有感》一文：

> 试读本报所登碧城女史之诗词，其寄托之遥深，其吐嘱之风雅，我中国女界中何尝无人？闻女史年二十余，博极群书，尤好新学，尝悲中国之衰弱而思有以救之，其所志甚大，固不屑以善诗词名，诗词特其绪余耳，并女史尝对其女友云，吾中国古亦多才女，而惟以吟风弄月消耗其岁月者，盖上无提倡实学之举，故借以有用之精神耗于无用之地。今国家如提倡女学，将来女界之人才，当必须可观，此所谓时势造英雄也。女史之言如此，闻者莫不钦佩。

这篇文章，直接表明了吕碧城的《满江红·感怀》的立意与那首词的精妙，接着赞扬起了吕碧城的学识和才华，表达了自己支持吕碧城喜欢新学的态度，同时亦提出，中国之前的才女大多是以吟风弄月、风花雪月来消磨她们的人生，而吕碧城则打破了以前才女的惯例，号召大家将精力放在"实学"上，最后则直接将吕碧城的赞美又提高一个层次。

这篇文章，显然是《大公报》要力推吕碧城成为女学第一人。

不仅如此，同一天，《大公报》"杂俎"栏发表吕碧城的《舟过渤海偶成》之后，紧接着便发表了一首其他作者的《读碧城女史奉呈一律》：

> 不学胭脂凝靓妆，一枝彤管挟风霜。
> 勤王殉国钦戎女，演说平权薄薛娘。
> 忍视楼船群压海，可怜红泪凄沾裳。
> 须眉设有如君辈，肯使陵园委虎狼。

这首诗显然也是一首赞美吕碧城的诗，首联点明了吕碧城身为女儿身，但诗词却如同男子写的一样大气雄浑，下笔词成，便宛若风雷响起；颔联肯定了吕碧城高唱女权、推行女性解放主义的做法；颈联表达了对吕碧城爱国主义的赞美；尾联则表达了这首诗作者对吕碧城的敬意。

这首诗的下方署名"罗刹庵主人未是草"。但是这个罗刹庵主人是谁，也可以推理一下。从颈联"忍视楼船""可怜红泪"，再联系吕碧城的《舟过渤海偶成》的最后一句"楼船高处望辽东"，这两首诗又在同一日发表，可以确定"罗刹庵主人"肯定是提前看过吕碧城的《舟过渤海偶成》的。而能提前看到吕碧城的诗作，又这样不遗余力来力推她的，英敛之的可能性非常大。

一篇《大公报》重点"论说"《读碧城女史诗词有感》，一篇完全表达对吕碧城敬意的《读碧城女史奉呈一律》，再加上之前英敛之为吕碧城的

《满江红·感怀》写的跋,吕碧城的名字,在英敛之强有力的推动下,迅速响遍了京津地区。

[4] 高唱女权

女权，是由维新派掀起的女性解放主义，爱国则是永久都不会过时的精神。吕碧城的《满江红·感怀》和《舟过渤海偶成》一出，京津地区一时响应如云。就连时任直隶学务处行政官员的铁花馆主傅增湘也表示了支持，而且还亲自接见吕碧城，表示其"才识明通""志气英敏"。

而且，有人为了响应吕碧城，写了不少相和的作品，比如清廷外交部驻直交涉特派员寿椿楼主徐芷生，就写下了《读碧城女史诗词即和舟过渤海原韵》：

女权发达振颓风，力破危言主馈中。学界乾坤原一体，迷航从此渡瀛东。（其三）

下田歌子此其风，人格巍然女界中。教育热心开化远，文明初不判西东。（其四）

这两首诗的前一首，高度肯定了吕碧城高唱女权的行为，并认可女权在学界的重要性。

而第二首首句便引入了下田歌子这个人物。下田歌子是近代日本热心教育的著名女性，在当时的中国，她有着极高的名气。但是那时吕碧城还未提出要倡导女学，想必是徐芷生曾经当面和吕碧城聊过对于女学的看法，并且二人进行过深入的交流。

就在吕碧城一夜成名、准备再多发一些文章来稳固自己名声的时候，意想不到的事情发生了。

舅父严朗轩本就不同意吕碧城在外面抛头露面，这一次虽然吕碧城闯出了自己的名声，可是舅父却依旧没有改变自己的看法。他正准备去天津追究吕碧城逃离的事，没想到还未成行，舅父便"因事被劾去职"。

虽然吕碧城并不愿意像传统女子一样死守闺房，她也决不同意舅父的观点，但不论怎么说，舅父对于她，总是有恩的。因此，她也不能不回去看一看。

她的心中亦十分清楚，假如自己还是如同现在这般只是为《大公报》写点文章的话，只怕自己回到塘沽之后便只有回到安徽老家了。所以，在吕碧城回塘沽看望舅父时，她写信给英敛之，请英敛之为她寻找学校读书。

翌日清晨，在英敛之正准备给吕碧城回函时，吕碧城却从塘沽回到报馆，并告诉英敛之，她是来告辞的，不久就会南下回老家。

英敛之被这个消息惊呆了。

1904年5月17日。

天蒙蒙亮，为给吕碧城送别，英敛之起了个早。而在早上八点多时，傅增湘突然差人送了两首诗给吕碧城，作为道别。

> 烽火茫茫大地哀，斗间光气破尘埃。
> 危言自足惊群梦，逸兴偏来访劫灰。
> 始信栉笋有名世，第论词翰亦清才。
> 红桑望海方开旭，好去仙风莫引回。
>
> 女权何用问东西，振起千年若破蒙。

独抱沉忧托豪素，自紬新籍寄天聪。
机中锦字谁能识？局外残棋尚未终。
载诵君诗发长叹，剑芒森起气豪雄。

在这两首诗中，傅增湘很鲜明地指出了当时国家的现状——"烽火茫茫大地哀""局外残棋尚未终"，同时亦表达了自己的期望——"好去仙风莫引回""剑芒森起气豪雄"，希望吕碧城高唱女权，倡导女学能够改变中国的颓势。

第二天，傅增湘便以"铁花馆主"为笔名将这两首诗发表在了《大公报》"杂俎"板块上。题曰：《昨承碧城女史见过，谈次佩其才识明通，志气英敏，谨赋两律，以志钦仰，藉以赠行》。

从这两首诗的标题来看，完全是傅增湘在以一个长辈的身份来鼓励一个新人，希望她能不断学习国外知识，来救亡图存。

就在傅增湘的这两首词发表一周之后，也就是1904年5月25日，同样是在《大公报》的"杂俎"栏目上，吕碧城写出了《奉和铁花馆主见赠原韵即请教正》两首，并以此来回应傅增湘送给她的诗：

风雨关山杜宇哀，神州回首尽尘埃。
惊闻白祸心先碎，生作红颜志未灰。
忧国漫抛儿女泪，济时端赖栋梁材。
愿君手挽银河水，好把兵戈涤一回。

新诗如戛玉丁东，颁到鸿篇足启蒙。
帷幄运筹劳硕画，木天摛藻见清聪。
光风霁月情何旷，流水高山曲未终。
霖雨苍生期早起，会看造世有英雄。

吕碧城的两首诗,开头点明了国家现在衰落的状态,接着她又表达了自己听到了"白祸"("白祸"即指1900年八国联军侵华)后自己内心为国担忧、为国心碎的状态。同时吕碧城虽然身为女儿身,但却依旧要坚持救国救民的志向。其次,"国家兴亡,匹夫有责",中华儿女万千,哪一个没担忧过国家的未来?在这么多人中一定会出现一些能够拯救国家的栋梁之材,最后吕碧城则以一个晚辈的态度希望能够和傅增湘一起练兵洗戈,重新收拾山河。

这两首诗,展现了吕碧城对家国前途的希冀。同时,她也一眼看出了时局的本质,中国不会一直就这样一直处于颓势,只要时机一到,中国就能崛起。

这两首诗一经发表,便引得众人纷纷唱和。但是在这些作和诗的人中,有一个人尤其值得关注,那就是慈禧太后的画师——缪嘉惠。

缪嘉惠是云南人,出身昆明一个官宦之家,虽然从小身在深闺,但是却对诗词笔墨颇有研究,尤擅丹青,在翎毛、花卉等绘画方面更是一绝。在她到了适龄年龄后,嫁给了同邑陈氏,与做官的丈夫一同到了四川。丈夫病死后,她便带着儿子一同回到了昆明。因为没有收入来源,再加上自己又善于绘画,于是便依靠卖些字画谋生。

当时慈禧虽在深宫把持清廷政事,但却"怡情翰墨,学绘花卉,尝以所作,赐嬖幸大臣,久之,思得一二代笔妇人,仍令各省督抚觅之"。所谓"上有所好,下必甚焉",慈禧太后要寻找一个擅长绘画的人,下面的大臣们自然"日不食夜不眠"也要去帮慈禧做好这件事。不久,缪嘉惠便被送进了宫。"慈禧召见,面试之,大喜,置诸左右,朝夕不离,并免其跪拜,月给俸二百金(即二百两白银)"。

缪嘉惠成为慈禧太后的御笔画师后处处小心,很得慈禧太后的欢心。这样一个几乎可以是清廷代表性的人物,却为吕碧城和了两首诗,不能不说引起了当时社会的一阵轰动。缪嘉惠所作诗词如下:

> 飞将词坛冠众英，天生宿慧启文明。
> 绛帷独拥人争羡，到处咸推吕碧城。
>
> 雄辩高谈惊四筵，峨眉崛起说平权。
> 会当屈蠖同伸日，我愿迟生五十年。

  这位早已成名的清廷画家，在自己的诗词中称吕碧城为词坛飞将，并且说吕碧城所作的词冠绝当时的文坛，可见她对吕碧城有多么推崇了。而且，她还很精准地总结了当时京津地区的"吕碧城热"——绛帷独拥人争羡，到处咸推吕碧城。

  缪嘉惠言辞之中，对吕碧城高唱女权的行为十分支持，甚至她还期待着，只要哪天能真正平均女权，自己愿意"迟生五十年"。她曾经收到过吕碧城的信，在看完吕碧城的信之后，不无感慨地称赞吕碧城的字："今观书法秀逸，笔力遒劲，大有须眉之概，想见挥毫落纸时也。"

[5] 女学初论

在吕碧城发表《奉和铁花馆主见赠原韵即请教正》的前两天,《大公报》连载了吕碧城的重量级文章《论提倡女学之宗旨》：

今顽谬之鄙夫，闻兴女学、倡女权、破夫纲等说，必蹙额而告曰："是殆欲放荡跅弛，脱我之羁轭，而争我之权力也。"殊不知女权之兴，归宿爱国，非释放于礼法之范围，实欲释放其幽囚束缚之虐权。且非欲其势力胜过男子，实欲使平等自由，得与男子同趋于文明教化之途，同习有用之学，同具强毅之气。使四百兆人合为一大群，合力以争于列强，合力以保全我四百兆之种族，合力以保全我二万里之疆土。使四百兆人，无一非完全之人；合完全之人，以成完全之家；合完全之家，以成完全之国。其志固在与全球争也，非与同族同室之男子争也。……自强之道，须以开女智，新女权为根本。盖欲强国者，必以教育人才为首务。

近日日本盲哑儿童之入学者，约万余人；英国妇人复有聋瞽学堂之设。彼本残疾之人，尚不舍为弃材，岂中国二百兆完体之人，反舍之为弃材乎？……

夫君之于民、男之于女，有如辅车唇齿之相依。君之愚弱其民，即以自弱其国也；男之愚弱其女，即以自弱其家也。自剪其爪牙，自断其羽翼，故强者虎视眈眈，欲肆其擒搏手段焉。国势至此，再不觉悟，更待何时？惟愿此后，合君民男女，皆发深省，协力以图自强。自强之道，须以开女智、兴女权为根本。盖欲强国者，必以教育人才为首务……

在这篇文章里，吕碧城不仅指出了兴办女学的重要性和紧迫性，而且还系统地提出创办女学的指导思想，德、智、体全面发展的理念和教学的管理方法。这样一来，吕碧城的这篇文章便同时兼顾了可读性与实践性。

而且，这篇文章采用当时并不多见的连载形式。5月15日，英敛之的日记中就有"是日碧城作《论女学宗旨》一篇，甚长，未毕稿"这样的记载。这样的发表形式，更多地吸引了读者的目光。

同时，《大公报》还配上了吕碧城的四张照片。每一张照片上，吕碧城都青春且俏美动人。

当时能在报纸上刊发自己的文章便是了不得的大事，让自己的照片刊发在报纸上，那更是堪比明星了。吕碧城的名气，因此又提升了一个层次。

随后的一段时间里，吕碧城又连续发表了《敬告中国女同胞》《兴女权贵有坚忍之志》《论中国当以遍兴蒙学女学为先务》等文章。每篇文章的主题思想，都是在高唱女权，支持女学。

如果说吕碧城的《满江红·感怀》是那个夜幕沉沉的封建时代里的一声惊天动地的惊雷的话，那么吕碧城后面的文章，就如同连绵不绝的春雨，真正滋润了中国这片自古以来束缚女子的干涸土地。这些文章的发表也真正奠定了吕碧城高唱女权、兴办女学第一人的地位。

这个时候，吕碧城的交友渐渐广了起来，涉及政界、新闻界、教育界等诸多领域。这其中又包括直隶总督袁世凯及其子袁克文、李鸿章之子李经羲等。这些人中，又有两个人的诗词引起了当时京津地区文坛的骚动。

这两个人，其中一个名叫沈祖宪，是当时袁世凯的幕僚。他为吕碧城写下了《满江红》四首，其中一首如下：

钗钏英雄，向梦里寻消问息。是何人倾玑泻玉，手能代舌！螺墨潜消雕漆砚，鸳针不绣庄花鸟。独庄严襟带说平权，风雷激。扶马背，吟残月。立鳌背，看初旭。蓦九天咳锤，飞来珠屑。班氏一门传史稿，刘家三妹雄文笔。冠大江南北女儿花，吕旌德。

而另一人则是姜庵，他以"姜庵尘稿"之名发表了《阅大公报获读碧城女史着论，即次铁华韵，率拈二律以识敬服》（其二）：

拔剑为君歌莫哀，欲排阊阖净尘埃。
龙华劫后春无奈，麝鼎烧残愿未灰。
填海只穷精卫力，补天端仗女娲才。
剧怜学世槐安梦，风雨唸音苦唤回。

若水西流海水东，沧桑阅尽起群蒙。
蜉蝣万古怜轻羽，冰雪千言见性聪。
热血溅人天可动，华鬘说法语难终。
扫眉更有拯时具，解与雌亭气亦雄。

这两首词，将吕碧城的名声又推上了另一个高度。"由是京、津间闻名来访者踵相接，与督署诸幕僚诗词唱和无虚日"。

在这些前来拜访的人中，有一个人是中国近代史上不得不提的，在后来成为吕碧城最好的朋友，她的名字叫秋瑾。

第三章 人生若只如初见

[1] 知己秋瑾

1904 年 6 月 10 日。

此时已经是初夏了。天津的树木正绿得苍翠，花正开得鲜艳。《大公报》门外的鸟儿正在枝头叽叽喳喳地叫着。也就是在这天，一个女子忽然走到了大公报门前，将手里的一张红色名片递给了《大公报》门前传话的小厮，上面写着"秋闺瑾"三个字，并表示自己此行的目的是拜访吕碧城。

秋瑾于 1875 年 11 月 8 日生于福建厦门，初名闺瑾，东渡后改名瑾。近代女民主革命志士，提倡反清革命。先后参加过三合会、光复会、同盟会等革命组织。1907 年，她与徐锡麟等组织光复军，拟于 7 月 6 日在浙江、安徽同时起义，事泄被捕。7 月 15 日从容就义于绍兴轩亭口。

秋瑾与吕碧城的第一次相见，是在 1904 年 6 月中旬。

当时秋瑾的丈夫王子芳捐了一个京官，谋职于清廷度支部（户部）。秋瑾当时则闲居家中，醉心于诗词字画、笔墨丹青。也就是在这个时候，秋瑾结识了丈夫同事的妻子吴芝瑛。

吴芝瑛字紫英，为安徽桐城高甸人，别号万柳夫人。她生于诗书之家，其父吴康之历任宁阳、禹城、蒲台、武城等地知县，所至皆"恤民兴学，不遗余力"。她的伯父则是著名民主主义教育家吴汝纶，曾做过曾国藩的入室弟子。吴芝瑛当时居京,因目睹清廷腐败,时事蘼芜,便常常看一些进步书籍,因此家中这类藏书不少。

秋瑾与吴芝瑛熟识后,便看了不少吴芝瑛家中的进步书籍,思想上也变得更加激进,更加倾向于以革命来改变当时的时局。她常常与吴芝瑛创作一些反映清廷腐败、软弱无能、时局颓丧的作品。这些作品均以"碧城"为名发表,在文人圈内也有一些名气。

所以,当《大公报》推出另一个"碧城",并且她的诗词文章佳作频出、迅速蹿红京津地区的时候,同为"碧城"的秋瑾怎能不关注?因此,每当《大公报》发行时,秋瑾都格外关注吕碧城的作品。

1904年,因为眼见国内时局腐败,于是一心想要挽救国家危亡的秋瑾有了一个安排,那就是东渡日本留学,去学习更多的知识。而当时东渡日本需要去天津办理一些手续,于是秋瑾便有了顺道来拜访吕碧城的想法。

此时的吕碧城尚在塘沽,首先听到这个消息的是英敛之夫妇,他们在得到这个消息之后,立即写信告诉吕碧城。吕碧城收到信函后,随即给英敛之的夫人淑仲做了回复:

淑仲大姊大人阁下:日昨寄上一缄,谅邀清览。妹自拜别后,十一点钟到塘沽,舍亲尚无异辞,诸凡安适,望释绮怀。倾奉手示,聆悉一是,而眷念之情溢于言表,读之令人不能自已。所云秋碧城女史,同时而同字,事亦甚奇。惟伊生于名地,阅历必深,自是新学中之矫矫者。若妹则幼无父兄指授,僻处乡隅,见闻狭隘,安敢望其肩背。然既属同志,亦愿仰瞻风范,但未识其性情能与我辈相合否?伊到津时,望即函示。此复,即请近安。妹碧城上言。四月初五日。外收本日报四张。

因为有了这些前期条件,所以1904年6月10日,才有了秋瑾来《大公报》报馆拜访吕碧城的起因。

当报馆小厮跑进报馆将秋瑾的名片送到吕碧城的手上时,吕碧城还是兴奋的。可是当吕碧城走出报馆的时候却吓了一跳。因为她第一眼看到秋瑾时，差点以为那是个男子。眼前的秋瑾虽然头上梳一个女人的发髻，但是身上却是一身男人打扮：一袭长袍马褂，脚下却是一双黑缎子官靴，整个人看起来玉树临风、洒脱不羁，典型的一个京城公子哥儿形象。

一个是《大公报》力推的当红明星，一个是早已在文人圈内颇有名气的巾帼英雄，两个"碧城"一相见，便碰撞出思维的火花，在一番交谈之后，两人颇有相见恨晚之感。

当夜，吕碧城邀秋瑾同宿，秋瑾欣然应允。两个人因为都对时局不满，因此颇有话题，竟彻夜长谈。但是随着话题的深入，两个人的分歧也渐渐显露了出来。

秋瑾因为常年阅读进步书刊，思想更加激进。她认为中国非革命不足以改变现状，非革命不足以恢复富强，非革命不足以立足于世界国家之林。因此她邀请吕碧城一起东渡日本，参加革命；驱除鞑虏，恢复中华。

而吕碧城尽管对清政府的腐败不满，对时局的颓势感到悲哀，但是她的思想却相对温和。她认为改变时局只有一条路可走，那就是改革。但是改革分为两种：一种自下而上，即革命；一种自上而下，即改良。吕碧城觉得革命太过血腥、暴力，会伤及无辜，而且在清政府中亦有忠志之士、贤达之人。

因此，吕碧城的意见是第二种——改良。吕碧城打算从教育入手，开启民智，教化民众，使国民素质能够得到提高，然后进一步提高国家实力，改变国家频受外辱的现状。

虽然吕碧城和秋瑾对于改变当下时局的观点不尽相同，但是她们却殊途同归，所有方法和努力其最终的结果都只有一个，那就是挽救当时国家危亡、时局日下的状态。

第二天早上，在与吕碧城分别时，秋瑾因感到自己的才学不如吕碧城，也避免让旁人将她和吕碧城搞混，于是便提议从今以后不再使用"碧城"这个名字，而改用"鉴湖女侠"。吕碧城亦欣然应允。两人约好，秋瑾东渡日本，开展革命事业，吕碧城则留在国内，大力发展女学，高唱女权。这样一来二人便可以遥相呼应了。

秋瑾到日本之后，曾多次与吕碧城联系，吕碧城亦将秋瑾写给她的两封信发表在《大公报》上。不仅如此，吕碧城还以秋瑾为例，宣传女权和女学：

> 浙江秋璇卿女士，自号鉴湖女侠，慷慨激昂，不减须眉。素悲中国教育之不兴，国权不振，以振兴女学为栽培人才之根本，乃于上月初九日，由京启程，游学日本。日前，寄书于其寓津之女友云："二十日到东京，即进实践女学校。一年后进师范学校。"并云"彼国妇人无不向学，我国女子教育需材甚急，我同胞能多一留学生，即他日多一师资"云云，志之以为中国女子之劝。

同年7月，秋瑾与革命党人徐锡麟等人在绍兴密谋起义，准备推翻清廷统治，但是不料起义失败，清政府迅速下令逮捕革命党人。13日，秋瑾疏散了最后一批同志，然后被清军逮捕。

秋瑾被提审的地点是绍兴府署，提审秋瑾的一共有三人，绍兴知府贵福、山阴县令李钟岳以及会稽县令李瑞年。

贵福问她，但她却一句话都不答。等到问她有什么朋友的时候，秋瑾回答："你也经常到大通，和我一起拍过照，并且还送过我一副对联。"

秋瑾所说的那副对联是："竞争世界，雄冠地球"。贵福曾经对吕碧城的学识非常佩服，这副对联中："竞""雄"二字，就是吕碧城的号。据说吕碧城当时还叫贵福"寄父""义父"。当贵福问她还有哪些同党时，她则冷冷回答："义父乃我同党。"

一见秋瑾这样回答，贵福自知自己什么也问不出来，还担心秋瑾会牵连到自己。

贵福见审问不出结果，便将秋瑾交给了山阴县令李钟岳，而且一再要求严加审问,挖出她的同党。

李钟岳乃山东安丘县(今安丘市)人,自幼躬耕苦读,18岁中秀才,39岁中举人,清光绪三十三年(1907年),调任山阴县令。对于秋瑾的名字,李钟岳早有耳闻,而且敬佩秋瑾的才华,曾经用秋瑾"驰驱戎马中原梦,破碎山河故国羞"的诗句来教育自己的儿子:"以一女子而能诗,胜汝辈多矣!"

言辞之间,推崇备至。

其实在贵福最初决定要搜查大通学堂、逮捕革命党人时,李钟岳就曾经向贵福建议:"该校并无越轨行动,不可武力摧残,惊动地方;容俟暗中调查,是否确实,再定办法。"而李钟岳这样做的真实目的,就是拖延时间,给秋瑾以及革命党人逃走的机会。

不料就在几日后,贵福突然传唤李钟岳至府署,向他呵斥:"府宪命令,汝延不执行,是何居心?限汝立即率兵前往,将该校师生,悉数击毙,否则我即电告汝与该校通同谋逆,汝自打算可也。"事情走到这一步,李钟岳便再没有了退路,只得带了三百清军前往大通学堂。即便这时,李钟岳还想保全秋瑾。为了避免清军开枪伤人,他在现场向士兵大呼"本县在此,大家放心,毋庸开枪",并且下令要求他们"但加逮捕,弗许伤害"。

1907年7月14日下午,李钟岳提审秋瑾。他不仅没有对秋瑾严加用刑,反而为秋瑾设座。二人经过一番交谈,秋瑾毫不避讳自己革命的事,而且言辞颇为坚毅,两人的交谈没有一丝争吵,宛若多年密友。李钟岳把自己审案用的朱笔递给她,让她自己写供词。

秋瑾挥手写下"秋风秋雨愁煞人"几个字。李钟岳看后,一方面惊诧于秋瑾的才华,一方面十分惋惜。

李钟岳提审秋瑾的具体情形被人密告给贵福。贵福怒火中烧,质问李钟岳:"为何不用刑讯,反而待若上宾?"

李钟岳解释:"均系读书人,且秋瑾又系一女子,证据不足,碍难用刑。"

听闻李钟岳如此回答，贵福知道再这样审下去也审不出什么结果，于是当夜向浙江巡抚张曾扬报告，谎称秋瑾已承认密谋革命。张曾扬立即回复："秋瑾即行正法。"

深夜两点，贵福召见李钟岳，令他监斩秋瑾。

得知秋瑾即将被杀，李钟岳自然对这个结果万分不满，同时他也为秋瑾做着最后的努力。他向贵福争辩道："供证两无，安能杀人？"

贵福则冷冷地回答："此系抚宪之命，孰敢不遵？今日之事，杀，在君；宥，亦在君。请好自为之，毋令后世诮君为德不卒也。"贵福一句"抚宪之命"，便直接封死了李钟岳回旋的余地。

凌晨三点，李钟岳再次会见了秋瑾，并将这件事告诉了她。秋瑾神色淡然，而李钟岳这个父母官，却不由潸然泪下："余位卑言轻，愧无力成全，然死汝非我意，幸谅之也。"而旁边的兵卒，也神色黯然。李钟岳问秋瑾还有什么未完成的心愿，秋瑾提了三个要求：

一、不要以首级示众；

二、临刑不要剥去衣服；

三、与家人诀别。

李钟岳答应了她的前两个要求。

1907年7月15日凌晨四点，秋瑾被押到绍兴古轩亭口。在押往刑场时，秋瑾神色淡然地看着四周观看行刑的人，眼睛里没有丝毫波澜。生与死之间，她竟丝毫不在意。伴随着那个冷厉的"斩"字，秋瑾从容就义。

秋瑾之死，就像是一声霹雳惊雷，让整个中国顿时震动了。在中国历史上，女性因为政治原因而就义，这还是第一次！一时间，舆论的浪潮顿时汹涌了起来。

《申报》直接指出："按秋瑾之被杀，并无供词，越人（浙江人）莫不知悉。有之，则惟'寄父是我同党'及'秋风秋雨愁煞人'之句耳。而今忽有供词，其可疑者一：秋瑾之言语文词，见诸报章者不一而足，其文辞何等雄厉，其言语何等痛快，而今读其供词，言语支离，情节乖异。其可疑者二：然死者已死，无人质证，一任官吏之矫揉造作而已；一任官吏之锻炼周纳而已。然而自有公论。"

《时报》则更加尖锐地评论："浙省官场，因外间人言啧啧，群为秋女士讼冤。大吏授意某某，求秋女士书函等件，仿其笔迹，造通匪等函件，以掩天下耳目。此说若真，官吏之用心，不可问矣。"

《文汇报》无不叹息地说："绍府贵守，无端杀一女士，竟无从证实其罪，是诚大误。"

《神州女报》发表题为《秋瑾有死法乎？》："浙吏之罪秋瑾也，实为不轨，为叛逆。试问其所谓口供者何若？所谓证据者何若？则不过一自卫之手枪也，一抒写情性之文字也。"

而署名"瘁民"的《浙江之危机》则更加鲜明地指出："杀学生，杀女士，无口供，无确证，仅谓'有通匪笔据''有绍绅告密'。不宣布，无以塞人民之望！"

全国上下批判的声音顿时响成一片。凡是在"秋案"中无所作为直接或间接导致了这场悲剧的人，几乎都受到了前所未有的批判，绍兴知府贵福和浙江巡抚张曾扬两人更是落得身败名裂的下场。

秋瑾就义后仅仅三天，李钟岳便因"庇护女犯罪"被撤职。李钟岳离开绍兴时，当地百姓自发为他送行，李钟岳长叹一声说："去留何足计，未能保全大局，是所憾耳！"

秋瑾的遇难，自然使吕碧城十分悲痛，回想到自己与秋瑾交往的种种往事，吕碧城不由忧伤地写下了《蝶恋花》：

寒食东风郊外路。漠漠平原，触目成凄苦。日暮荒鸦啼古树，断桥人静昏昏雨。遥望深邱埋玉处。烟草迷离，为赋招魂句。人去纸钱灰自舞，饥乌共踏孤坟语。

斯人已逝，空余孤坟。此刻的吕碧城能做的，除了心痛，大概只有为自己曾经的知己写下这一阕哀悼之词吧。

后来，吕碧城又曾用英文为秋瑾写下了《革命女侠秋瑾传》，并发表在美国的一些报纸上。这篇文章不仅揭露了清朝统治的腐败，更宣扬了秋瑾的英雄形象，使得秋瑾这个中国女革命家为西方所熟知。

许多年以后，吕碧城在《予之宗教观》一文中曾详细地回忆了她与一代女侠秋瑾的交往过程：

都中来访者甚众，秋瑾其一焉。据云彼亦号碧城，都人士见予著作谓出彼手，彼故来津探访。相见之下，竟慨然取消其号，因予名已大著，故让避也。犹忆其名刺为红笺"秋闺瑾"三字，馆役某高举而报曰："来了一位梳头的爷们！"盖其时秋作男装而仍拥髻，长身玉立，双眸炯然，风度已异庸流。主人款留之，与予同榻寝。次晨，予睡眼蒙眬，睹之大惊，因先瞥见其官式皂靴之双足，认为男子也。彼方就妆头度小奁敷粉于鼻。嗟乎！当时讵料，同寝者他日竟喋血饮刃于市耶！彼密劝同渡扶桑，为革命运动，予持世界主义，同情于政体改革，而无满汉之见。交谈结果，彼独进行，予任文字之役。彼在东所办《女报》，其发刊词即予署名之作。后因此几同遇难，竟获幸免者，殆成仁入史亦有天数存焉。此外黄秀伯（其尊人慎之殿撰思永于予为父执）、杜若洲（名德舆）等则力劝入都，有"争名于朝，争利于市"之语，予因所办女学将有成议，慨辞谢焉。

英敛之亦曾在日记中记载了吕碧城和秋瑾的交游：

秋言，同碧城赴新车站（现天津北站）偕润沅（傅增湘）进京，予以为未妥。碧城亦决意不去。午后，秋赴傅处，同进京。

1916年，34岁的吕碧城与好友袁克文、费树蔚等人在杭州游玩时，偶然路过西泠桥畔秋女侠祠。吕碧城望着这方冷冰冰的女祠，忽然想起了十几年前她与秋瑾刚认识的时候的样子，心中无限伤感、怀念，又写下了一首纪念秋瑾的《西泠过秋女侠祠次寒云韵》。

  松簧交籁和鸣泉，合向仙源泛舸眠。负郭有山皆见寺，绕堤无水不生莲。
  残钟断鼓今何世，翠羽明珰又一天。尘劫未消惭后死，俊游愁过墓门前。

  这个世界，有人是要来的，也有人是要走的。有人在这深深红尘里相伴而行，白头偕老，亦有人匆匆一瞥，相视一笑，最后却彼此擦肩而过。西湖的微风轻轻吹着，拂起一层涟漪。
  吕碧城心中突然无限感伤，忆往昔，与秋瑾秉烛夜谈的情景似乎还历历在目，但"林花谢了春红，太匆匆"，转眼十几年竟过去，一个人还在这红尘苦海中挣扎，另一个却早已去了另一个世界。
  这人世间的相遇与告别，有时竟会如此让人感伤。

[2] 女子公学

1904年7月14日，下午4点左右。在《大公报》报馆里，一个特殊的会议正在召开着。参与这次会议的多为当地京津地区的名士，其中包括王铭槐、林墨青、方药雨、严修、姚石泉、严朗轩、傅增湘、英敛之等人。

这次会议的议题，一共有四个：

一、议改姚（石泉）拟章程数条，众亦无甚可否。

二、议房舍，督署后过偏北，改随宝实旧居，惟傅（增湘）不以为然。众遂止。

三、议捐款存锅店街正金银行。账簿交予收存，予不肯，他人亦无可代理者……

四、议务本（学堂延聘）女教习……余各小节集甚关紧要，可以随时商办。举议事员八人，为范孙、石泉、铭槐、润沅、墨青、药雨……

那么到底是什么事情会涉及房舍、账簿、女教习呢？自然是办学校的事。具体情况要从5月份吕碧城准备回塘沽时给英敛之写的那两封信说起。

自鸦片战争之后，中国屡受列强欺凌，社会上的仁人志士也开始了全面探索救亡图存的方法。维新变法时，中国人对女学的关注进一步加大。维新派领袖、中国近代史上著名的思想家梁启超更是率先倡导女学。在其论述中国变法之道的重要著作《变法通议》33篇文章中，论述教育的竟然多达6篇，而这6篇中又有倡导妇女教育的著名篇目《论女学》，全文5000余字，明确指出"欲强国必由女学"。吕碧城写信托英敛之帮忙找学校时，英敛之就已经在考虑办校的事了。

1903年2月22日，《大公报》也曾刊文报道过美国领事贾满君之夫人兴办女学堂的消息，这则消息的开头亦直接点明"中国女学不兴实为华人前途之隐忧"。在《大公报》力推吕碧城之后，更是发表了一系列倡导女学的作品。

此时，办女学几乎是必行之事了。

然而"办学"二字虽然说得轻巧，可是真要去做，却显得格外艰难。吕碧城第一次尝试，便撞了个灰头土脸。

英敛之与吕碧城首先找到了傅增湘的夫人黄守渊，并由她结识了直隶工艺局总办周学熙。随后二人向他提出办女学的事，没想到周学熙竟一口回绝。第一次尝试就撞了南墙，原本兴致勃勃的吕碧城，不由有些心灰意冷。

此时远在塘沽的大姐吕惠如，不知怎么听到了妹妹"皆为看女学堂事，而无人肯出首"的消息，连忙从塘沽赶到天津，想要看一看具体情况。此时的吕惠如，在社会上早已有了一些名气，因此她想着尽量帮一下妹妹。

吕惠如到达天津之后，迅速拜访了英敛之与其夫人爱新觉罗·淑仲。没想到她与淑仲一见如故，于是二人便结为金兰之好。英敛之应该算是想要办学的几人中最清醒的，他深知办学之不易，于是便劝慰吕碧城姐妹二人："女学不必大办，但求先有萌芽大佳，诸事从简，自易成耳！"

此时不知是谁透露出风声，说吕碧城办女学遇到了问题。本来此时已被革职的舅父严朗轩，也连忙从塘沽赶了过来，找到了英敛之夫妇，并请他们为吕碧城的事多多尽心。

办女校的事，一下子受到众人的关注，英敛之对这件事的态度也更加认真了。为了真正将女学办起来，英敛之专门请傅增湘前往北京学部，去咨询办女校诸事。

英敛之在他的日记中也有一些记述：

初六日。午后出至（方）药雨处谈学堂事。俟稍头绪，必须择地会议。

十六日。傅润沅（增湘）以马车接吕碧城，并函。有时，内人同惠如、碧城回。碧城独去傅处，近暮归。

十七日。午后一点，碧城去傅处，晚六点回。

十八日。晚楼上与少秋（张连璧）、碧城商学堂事。

十九日。碧城自赴润沅处，商订学堂一事。

二十日。午，同内人及惠如、碧城至河东女学堂。林墨青、卞竹贤等在，予等略演说。午后，药雨来谈学堂事。

在为女学各种事项忙碌的同时，英敛之还向吕碧城引荐了时任直隶学务处总办的严修。

严修字范孙，号梦扶，别号偍屣生，原籍浙江慈溪，1860年生于天津，汉族，是近代著名的教育家、学者。

严修早年曾入翰林，后来又曾担任贵州学政、学部左侍郎等职。后来戊戌变法失败后，他辞职返乡，但仍坚持认为中国需要改革。后来他与著名教育家张伯苓一起创办了南开系列学校，1919年又创办了南开大学，因此被称为"南开校父"。

严修早已听过吕碧城的名字。由于当时《大公报》的力捧，社会上早已形成一阵"人人咸推吕碧城"的热潮，严修怎么会没有听过她的名字！严修不仅听过她的名字，而且在看过她的文章诗词之后，对她还十分推崇，于是当英敛之向他举荐吕碧城时，他立即就答应了。

随后，严修又向袁世凯举荐了吕碧城，袁世凯也早已听闻吕碧城的名声，做了一番思量之后，英敛之等人终于收到了好消息。"袁督颇愿办，与唐关道已议。"

不久之后，傅增湘也从直隶提学处传来喜讯："袁督许允拨千元为学堂开办费，唐道允每月由筹款局提百金作经费。"傅增湘口中说的唐道即袁世凯的得力助手、时任天津海关道的唐绍仪。

有了袁世凯的点头，以及唐绍仪每月从筹款局里提出来的钱款，办学的进程似乎一下子快了起来。没过多久，学校的地址便选好：河北三马路，前后两院，房舍二十七间，月租不足三十金。

在这一过程中，稍微有点争议的是，在学校体制上，傅增湘与吕氏姐妹以及英敛之意见相左。傅增湘主张仿照日本华族女校，将学校建成官办。但是吕氏姐妹却极力反对，一来因官办受限制太多，二来在管理上也会相对混乱。吕氏姐妹极力坚持学校应该民办官助。最终，由袁世凯点头，女校民办，由政府资助。

学校初定名为"北洋女子公学"，虽然名义上是民办官助，但实际上仍是我国最早建立的公立女学堂。1909年11月21日，《顺天时报》亦曾刊文《记天津学界总调查》："（北洋）女子公学，在（天津）三马路，光绪三十年成立。这是公立最早的女学堂。"

朱有瓛先生主编的《中国近代学制史料》一书记录了全国各地第一所女学堂创建的相关史料。各女学堂均在1905年前后创建，但却没有一所学堂表明为公立女学堂。由此可见，北洋女子公学为中国第一所官办女校。

不久，英敛之与吕碧城商量起草了女学堂简章，先排印数份送各议事员以及严朗轩审定，不久之后他们又前往天津旧城东门淑慎女学堂、严氏女塾进行了参观，积累了办学经验。

1904年10月3日，《大公报》刊登吕碧城主笔的《天津女学堂创办简章》，规定学堂以"开导女子普通知识，培植后来师范，普及教育为宗旨"。在这篇文章的后面，还刊登了"创始经理人"英敛之、天津日日新闻社创办人方药雨的启事，称"襄此善举，诚为开通风气，栽培国民之要图"。

《天津女学堂创办简章》一经刊登，便震动了京津地区。社会名人、贤达，纷纷为自己的女儿报了名，不过短短几日，学堂就已经收了二三十名学生。

这个时候，英敛之、吕碧城一直忙着购买课堂桌椅，制备学校的课本，制订教学计划。这些事情看起来都是小事，可是真正做起来却十分耗人精神。吕碧城的大姐惠如、英敛之的夫人淑仲纷纷过来帮忙。不久之后，吕碧城的二姐吕美荪也来到了天津，协助吕碧城办校事宜。

在办学中途，吕碧城舅父严朗轩提出辞女学堂监督之职，于是大家便商议让傅增湘担任监督，其夫人凌女士代行监督之职，吕碧城则担任女校总教习。

经过详细而认真的筹备，1904年11月17日，北洋女子公学终于正式开学了。

开学的这天，北京三马路上的北洋女子公学显得十分热闹。吕碧城带领着全校师生站在女校门口。主管机构的官员、学校董事、社会贤达以及学生们的家长纷纷到场祝贺。鞭炮声噼里啪啦地在整条街上回荡着，附近的群众也赶过来看热闹。

开学典礼上，北洋女子公学的董事会董事凌女士代表学堂监督傅增湘致辞，并感谢袁总督、唐官道大力支持，以及社会贤达的热心相助。同时她还宣布了北洋女子公学的办学宗旨："开通女子，普及知识，培植师资，普及教育。"

第二天，《大公报》以大篇幅报道此事："昨日午后2点钟，由总教习吕碧城女史率同学生30人，行谒孔子礼。观礼女宾日本驻津总领事官伊集院夫人……男宾20余位。诸生即于是日上学。"

北洋女子公学创办的这年，吕碧城刚好21岁。这么青涩的年纪便担当总教习，在中国历史上，可以算是开风气之先。吕碧城的姐妹们，则都担任了北洋女子公学的教习，为她分担忧愁。此后她们的成就也同样熠熠生辉，在中国历史上彰显着女性的魅力。

1911年，吕碧城在《〈北洋女子公学同学录〉序》中回忆了自己创办北洋女子公学时的具体情形：

  北洋女子公学成立于光绪甲辰（1904年）孟冬，其时京津一带，虽有私立女学二三，皆家塾制度，若拨帑备案，就地区为公众谋者，实以此校为嚆矢焉。溯创设之始，艰苦缔造，将近一载，始克成立。予悉为创办之人，承当事官绅推主讲席，综理教务；傅太史增湘任监督事，当时生徒无多，只分二级，以国学为主，略辅以普通之学。规制科目，尚多未备，顾众誉翕然，生徒进步骎骎，由是来者日众。丙午（1906年）之春，因择其资质优秀者，改设师范一科，厘定课程，力求精进。己酉（1909年）七月行卒业礼，计七学期间培植成材者，仅有十人。此其故，实缘北方女学未倡，肄业者率多随宦闺秀，曾得南方风化之先者。而土著之族，仍守旧习，观望不前，各于家塾相教教焉。于是此校遂有日本华族女学之概。顾宦游者，去住无恒，中途辍学者实居多数，此所以获与卒业者殊寥寥也。然以全体生徒计，已足百名之额，因相与谋制同学录。问序于予，遂为述其崖略如此。

  这篇序言全面回忆了创办女子公学时的艰难，同时亦表明了女子公学的发展过程，而且吕碧城还表达了在创办和发展北洋女子公学时的一些遗憾。

  1905年3月，英敛之编辑的《大公报》丛书《吕氏三姊妹集》出版。这本书中收录吕碧城的六阕词和八首诗。这些诗词均是吕碧城作品中的经典之作，英敛之特地为这本书写了序言：

  吕碧城女士为前山西学政瑞田公之季女，甲辰（1904年）暮春，为游学计，至津，住予家。四月中，其长姊惠如复由塘沽任所来津，时相过从，与内子淑仲一见即针芥相投，苔岑契合，遂盟为姊妹，矢以永好，予因得读两君诗暨辞。惠如则典赡风华，匠心独运；碧城则清新俊逸，生面别开。

乃摘其尤佳者，登之《大公报》中。一时，中外名流投诗词、鸣钦佩者，纷纷不绝。诚以我中国女学废绝已久，间有能披阅书史、从事吟哦者，即目为硕果晨星，群相惊讶。况碧城能辟新理想，思破旧锢蔽，欲拯二万万女同胞，出之幽闭羁绊黑暗地狱，复其完全独立自由人格，与男子相竞争于天演界中。尝谓："自立即所以平权之基，平权即所以强种之本，强种即所以保国，而不致见侵于外人，作永世之奴隶。"嗟乎！世之峨高冠、拖长绅者，尚复未解此，而出之弱龄女子，岂非祥麟威凤不世见者乎？……梅生性豪爽，有古侠士风，言吐慷慨，气度光昌。素不屑弄事词翰，然落笔清灵，极挥洒之致，亦颇与乃姊乃妹并驾齐驱，各树一帜，何天地灵淑之气独钟于吕氏一门乎。

在这篇序言中，英敛之很明显地指出了吕氏三姊妹的诗作风格：吕惠如的文字匠心独运，犹如工匠精心打磨而成的艺术品；吕碧城的诗词则清新自然，如同山间之清风明月，使人觉得新奇而自然；吕美荪的诗词则落笔清灵，洒脱不羁，宛如驰骋草原的骏马……英敛之还更加着重地指出了吕碧城的目的：欲拯二万万女同胞，出之幽闭羁绊黑暗地狱，复其完全独立自由人格，与男子相竞争于天演界中。

这篇序言又将吕碧城提到了一个新的高度。

[3] 云卷云舒

　　北洋女子公学的创立令吕碧城大为欣慰，自己长久以来所坚持的女权终于有了初步的发展，她仿佛能看到多年以后真正男女平权的情形。

　　因为心中藏着那一份女学发展的信念，吕碧城在北洋女子公学的工作上也自然格外用心。她几乎将所有的精力都放在了教务、教学上。付出必有回报。在新学年，北洋女子公学的人数陡增，竟然一下子达到了 **70** 多人。

　　就在北洋女子公学发展日益良好的时候，内部却出现了问题——吕碧城和代行监督职务的凌女士之间有了矛盾。办好一件事并不容易，办好一件需要合作的事就更加艰难了。因为每个人都是独立的个体，所以在对待一件事情上，每个人都会有不同的想法。早在一开始吕碧城和傅增湘就因为学校体制产生过分歧，后来吕碧城和凌女士相互争执也就不足为奇了。

　　这个争执的结果是凌女士不愿意与吕碧城再共事，最终辞去监督一职，离开了北洋女子公学，与周学熙等人重办新校。22 岁的吕碧城则正式出任由天津公立女学堂改名的北洋女子公学监督，自此成为中国近代教育史上第一所女子公学的女校长。

　　吕碧城主导北洋女子公学之后，并不是随大溜去授课，她对教育有着自己的一套理解。她认为北洋女子公学首先应该关注母教教育。

"母教"一词最早语出汉刘向的《列女传·邹孟轲母》："孟子之母，教化列分。处子择艺，使从大伦。子学不进，断机示焉。子遂成德，为当世冠。"从那之后，"母教"指母亲对于子女的教育。

吕碧城提出重视母教教育的观点并非没有道理，父母是孩子最好的老师，而且因为女性天性温柔，与孩子更容易接近，更能被孩子所接受，因此她们对孩子的影响自然更大。而且中国自古以来便是重视母教的，孟母三迁这样的故事早已为人所熟知。清代大儒刘大櫆更是在《卢氏二母传》里直接指出："夫自古贤人修士之生，盖必有母教云。"

1906年6月13日，"北洋女子公学"增设师范科，更名"北洋女子师范学堂"。之后，这所由吕碧城作为灵魂人物所创办的学校培养了一大批知名女性人物，包括周砥、凌叔华、许广平、刘清扬、邓颖超、郭隆真……

创办女学促进了中国女子教育的发展，同时也使一开始依靠热情投身女子教育的吕碧城对于那时中国女子教育的现状有了更深刻的认识，而且更难能可贵的是，她在认清女子教育现状的同时还能去努力寻找解决问题的办法。

从1906年2月19日到2月27日《大公报》用七天时间重点推出了吕碧城论述女子教育的重量级文章《兴女学议》。从一个刚刚高举女学旗帜的文人到真正在女学当了两年的总教习后，吕碧城的文章里充满了实践性和思辨性。

吕碧城在这篇文章的"绪论"中直接点明了中国女子教育存在的问题，同时亦说明了女子教育发展的基本方法：

今日中国女学之当兴，有识者固类能言之，无俟敷陈矣。然而教育之道至繁且赜，况女子教育尤为吾国前此未有之创举，若骤欲举而措之，如有望洋不辨涯涘，其难于着手也必矣。盖当此新旧递嬗时代，复杂烦乱，言不一致，是贵乎斟酌损益，而出以权衡审慎之心。……总括之，则不外内察特性、外对世界，以确立教育之鹄，相其缓急，循序渐进而已。

第三章
人生若只如初见

她在"甲、宗旨"中写道：

凡立国者，必保其国固有之特性，以为基本，所谓精神是也。故教育之道，亦必就其固有之特性而扩充之。……（然）吾国女子之教育为驱策服役而设，小之起于威仪容止，大之极于身心性命，充其量之所极，不过由个人而进为家族主义，绝无对群体之观念，故其所及也狭。欧美女子之教育，为生存竞争而设，凡一切道德知识，无不使与男子受同等之学业。故其思想之发达，亦与男子齐驱竞进，是由个人主义而进为国家主义，故其所及也广。然当此时势，立此世界，有教育之责者，于此二种主义孰去孰取乎？必有所了然矣。故以为今日女子之教育，必授以世界普通知识，使对于家不失为完全之个人，对于国不失为完全之国民而已。

她在"乙、办法"中写道：

女学为今日创举之事，必以讲求办法为最要，倘办理失宜，虽有极纯正之宗旨、极完备之科学，而亦不能达其目的、收其效果，徒托空谈而已。甚且内则冲突丛脞，自相纷扰，外则抵间投隙，诋毁纷来。成绩未收，事体已解。吾人有兴学之责者，能不审顾周详，慎之于始乎？兹撮其要端如左：

一管理。学校有公立、私立、官立之别，故其职员之组织亦各不同，兹不具论。然而学校与国家同为有机体之物。机体者，如五官百骸之属于脑筋，可以联络贯通，互为作用，故治一校如治一国焉。推治理之意义，实包括一切组织实施、监督护理等事，而总言之，女学校事务烦琐过于男学校，故管理之关系尤重。……就事体论，则管理者，校长之责也；教授者，教师之职也。然而教授之与管理，固互相联络，不可须臾离者，则教师之与校长，同兼训练管理之职矣。……且一校之务，必校长总其纲，教师理其绪，方能指臂相应，期于全体改进。……

吕碧城：
我到人间只此回

二法律。法律为维持社会之要素，一学校，一小社会也，故以法律精严为第一义。或曰法律属形式上之作用，何与乎精神之教育也？殊不知一校之中，修业无定时、器什无定位、言笑无常度，其学业之荒废，不问可知矣。若入其校舍，形式肃然、条理井然，其内容之完善，亦不问可知矣。盖形式者，精神之表着也。形式不具，精神何托？……

三教师之选聘。吾国今日教师之选亦大难矣，而女师为尤难。虽资格不求过高，然必须品性纯正、年力富强、学问通顺者，方可聘用。鄙陋寡德之流，固不堪为人表率，即老弱之辈，亦何能胜任教育之任。盖今日教育至为繁难，体力衰弱，于讲演训练上必失其精神，师生之间亦不能性情融洽，致亲爱之情，于学业之进步，大为阻碍。……就事体论，女校而用女师最为适宜，且女子者，人类天然之师保也，其慈爱勤劳，无微不至，与儿童之性质最能翕合；其训练诱导乃固有之习惯，使任教育颇得其宜。

四学生之资格。学生之资质，以身体健全，年龄少小为合格者。……教育之功，不过栽培之，灌溉之，发达其不足，以至于圆满而已。此就学之年龄，宜为厘定者也。然而学生有特别之性质者，尤当注意。因一校之中，必有一校之习尚，所谓校风是也。

她在"丙、德育"中写道：

德育者，为学界中可进不可退之要点，而又为近世学界中之最难进化、最宜堕落者也。……故凡儿童入学之初，虽教以种种科学以发达其知识，而尤须引掖诱导，养成道德之心，以定其立身之基础。否则各种学业虽及发达，而如无舵之舟，飘流靡定，所有智慧适足以济其恶、败其德而已。……

一自修。凡人之讲道德，必自修养其私德始。私德者何？即对一己之伦理也。……盖私德者，立身之本也，必能自养而后能自立，能自立而后能讲立身之道。

二实践。道德者，能在实行而不徒取其理论也。夫行之维艰，古有明训，任教育者，苟不着意于实践，终难收其效果。吾女子素无与于外事，则以对待家族为道德实践之始，如孝父母，和昆弟，养舅姑，助良人，御婢仆，睦乡党，皆尽其情理……其次则入学交友，为入社会之始。学校者，聚数十百乡里不同、面貌不同、性情不同之人于一堂，朝夕相处，此最亲密团结之社会也，故必须守法律、维秩序，以公益为怀。凡有骄傲谄媚、煸惑欺诈等情，教师必随处默察，一有所知，必立即纠正，而晓以忠恕之大义。此等关系最巨，不可视为课外之事而忽略之也。……

三涵养德性之法。教育者，贵能矫正其偏诐之性情，而发扬其固有之美德，复授以各种学术，俾熏陶濡染，积久而与之具化，则教育之功达矣。……修身为各科之首，课本固须完善，而尤在教师讲演之得法与否，能动人感情与否；文学、哲学为研究一切学理之本，以养其高尚之思想；历史传记载历代兴亡及圣贤豪杰之遗事，是宜取最有兴会之文，以激刺其脑筋，俾想象当年之状态，而发爱国之忱。……至音乐、诗歌，尤为陶冶性情之要件……若使聆清妙之音，美感之歌，必悠然神往，与之俱化。苟于其中寓教育之意，其胜于教科书之讲解者多矣。移风易俗，莫善于乐，岂不然哉？……

她在"丁、智育"中写道：

人类之所以异于动物者，曰知识而已。盖知识为万事之原，苟精神上之知识圆满，则颖悟敏捷而长于□理，道德之思想于以发达而社会成焉，此对于人事之知识也；明万物体质之构造，及其化合变迁之□，以俟吾人之作用，此对于天然物之知识也。……

一普通学。欲造人格，必扩充其本性而发达其全体，固不限于一方面而已也，故普通学尚焉；必具普通之知识，而后成为完全之人格。……兹更述其属于智育中之必修者如下：曰算数。……曰理科。……曰美术。……

曰地理。……曰方言。……

二实业。……女子之所急者，在具普通之知识，造成完全之人格，然后取其性之所近、材所特长者，授以专门之实业，因势利导，则无扞格不入之弊，学得其用矣。若知识未开，人格未成，而徒授以实业，是犹执喑哑聋瞽之人，而教以工艺即足，谓为完全教育，足以强吾国乎？……

她在"戊、体育"中写道：

国家者，个人之集合体也，若体育不讲，其害于国家、害于种族者，可胜言哉？况女子为国民之母，对国家有传种改良之义务。……述其要端如下：

一卫生。教室之中几椅高低之不适度，空气光线配付之不当，休息受业时间之不均，皆有害于身体之发育。其尤要之点，则饮食是也。……至于精神上之卫生，则以树木清旷之地，为学生遨游嬉戏之所，以导其活泼快乐之天机。……

二体操。……今欲矫正其体态，则非体操不为功。体操者，矫正其体态，使之活泼健全也。……

在这篇文章结尾的时候，吕碧城表达了女学能够成为一种普遍化的教育的殷切希望，同时也展现了期待女学在真正发展之后的状况：

以上诸端于教育之浅理，已言之略备矣。然更有一最后之问题，则教者欲教成何等之人，学者将来之义务何在是也。……吾国逮至女学遍立，教育普及之时，不知迂缓至何日也。……顾欲令学者尽教育义务于将来，则必培植初级师范之材于现在。凡学校于三四学年卒业之后，普通学已略具根柢，即加入教育学一门，且于本校之内附设小学一区，令生徒教授而实习之，以养成初级之师范，此今日之急需也。……远识之君子，曷于此加之意焉。

在当时中国女子教育刚刚兴起的时候便有人能够提出"德智体"三方面全面发展是相当难得的，而且这篇文章还从创办学校的办法一直具体到了女学应该注意的方方面面，不可谓不详细，也不可谓不精彩。

从安徽旌德的一个小地方到现在京津地区第一所民办官助的女校的总教习，这一路走来，其中真正的艰辛，只有吕碧城自己知晓。然而办成女校的意义，不仅仅在于吕碧城从安徽旌德那个小地方走向了整个民国的历史舞台，更为重要的是吕碧城终于第一步真正意义上实现了她高唱女权的目标，在中国女性解放主义史上添加了光辉一笔。

诚然，北洋女子公学的创办脱离不了吕碧城的努力，但它能在短短六个月内便被创办起来，也有其他人的努力：袁世凯、唐绍仪、英敛之、傅增湘、严修、林墨青（严修办学助手）、方药雨（《日日新闻报》主编）、卢木斋（直隶学务处督办）、王铭槐、姚石泉……

如果说吕碧城是中国女性解放主义的一点火苗的话，那么那些同样为了吕碧城办学而努力的人，则是不断添加进去的柴火。一个人高唱女权，如果只能说是偶然的话，那么一群人都在支持那件事的时候，则说明这个国家、这个民族在真正地觉醒与复苏。

[4] 分道扬镳

问世间情为何物？直教人生死相许。

爱情自古以来便有着一股魔力，总是在猝不及防间让人沦陷。在没有遇到吕碧城之前，英敛之的生活相当美满。他是《大公报》的总经理，妻子是清朝皇族，生活不仅在此刻是幸福的，而且未来的美满也可以预见。

英敛之与夫人的爱情并非媒妁之言、父母之约。他们的相识相爱犹如古代传奇话本一般。

爱新觉罗·淑仲的家庭是满洲的落魄贵族，她的父亲是世袭的将军。在淑仲十几岁的时候，爱新觉罗将军决定为淑仲找一位家庭老师，当时有一位教书先生应征，而英敛之当时则是这位教书先生的书童，协助教书先生整理一些讲义。

因为这个原因，英敛之和淑仲相识了。彼时的英敛之，帅气俊朗，而淑仲身为朝清皇族，自然也是不可多得的大家闺秀，好感便在这对青年男女的相处中自然而然地产生了。在教书先生的撮合下，两人渐渐相爱。而爱新觉罗将军也不是那种迂腐之人，并没有阻止女儿和英敛之的交往，何况当时的英敛之才华横溢，他对英敛之一直都是十分欣赏的。

1895年（清光绪二十一年），英敛之和爱新觉罗·淑仲这对相爱的年轻人正式举行了婚礼，并在婚后不久诞下了他们爱情的结晶。

如果吕碧城不曾踏上从塘沽开往天津的列车，如果吕碧城不曾遇到佛照楼的老板娘出手相助，如果吕碧城写给方夫人的信未曾被英敛之偶然拿到，如果英敛之不曾打开那封信，那么淑仲应该是人人羡慕的女子，不会在婚姻里遭遇困境。

可是世间缘起缘落，谁又说得准呢？有时候遇见，或许是前世早已注定的了。就连仓央嘉措这种超脱世俗凡尘的人，不也曾写下那首凄美决绝的《十戒诗》，来描绘滚滚红尘中的痴情男女么？

有些人，一旦遇见，便注定了此后岁月里的"纠缠不休"。

在和吕碧城见面后不久，英敛之便忍不住时时与她相见。有时候会邀请她去戏院，看戏台上的人演绎别人早已传唱千古的人生；有时候会与她一同乘车出游，一路上为她介绍天津这座古城的风貌人情；有时候会与她一同在照相馆拍照，在耀眼的灯光下暂时挽留住岁月的片刻余影；有时候会与她一起在《大公报》里闲坐交流，或是日益颓丧的国事，或是风物人情，或是诗词笔墨……

英敛之见多识广，吕碧城才思敏捷，两人都可称得上当时社会的精英人物，所以一相见便宛若遇到知己，常常有聊不完的话题。

因为吕碧城从塘沽到天津的时候并未带行李和钱物，因此英敛之便为吕碧城置办了被服、洋皂、香水等生活用品，同时还购置了她喜欢的新书。

世界上不存在无缘无故的恨，亦不会存在无缘无故的好。如果这世界上有那么一个人义无反顾地对你好的话，那么这个人一定是爱你的。

英敛之自然是爱着吕碧城的，不然他不会为吕碧城帮助这么多：购买生活用品帮她在天津安顿下来；利用《大公报》这样一个平台将吕碧城推成京津地区的知名人物；鞍前马后地帮吕碧城办北洋女子公学。

然而任何人都是有秘密的，有的人会将秘密永久地藏在心底，有的人会将秘密在某个未知的时刻讲给别人听。对于已婚的英敛之来说，吕碧城应该就是他心底的秘密，他虽然并未将这个秘密讲述给别人听，可是在每一个月朗星稀、青灯做伴的深夜，他都将关于她的所有写在了那本他每晚或多或少都要记录一些东西的日记本上。

1904年5月13日，英敛之更是在自己的日记本中填下了这样一阕词。

五点起，信笔拟填：

稽首慈云，洗心法水，乞发慈悲一声。秋水伊人，春风春草，悱恻风情惯写，但无限悃款意，总托诗篇泄。

莫误作，浪蝶狂蜂相游冶。叹千载一时，人乎天也。旷世秀群，姿期有德，传闻名下。罗袂琅琅剩愁怀，清泪盈把空一般。

"怨艾颠倒，心猿意马"，这应当是英敛之在经过和吕碧城的相处后内心最真实的写照。当时的英敛之虽然已经37岁，可是在面对21岁正值青春年华的吕碧城时，他的内心仍然不免情意绵绵、热血难凉。

女性的天性自然是敏感的，丈夫对吕碧城的好，淑仲自然是看在眼里。但是淑仲在面对吕碧城时，却并未像是在面对一个敌人，更多的时候，她觉得对方是自己的一个小妹妹，可是她的容貌才华却如此惊艳，让人忍不住注目，甚至危及到了自己的婚姻。

一个日光倾城的下午，淑仲和吕碧城在阁楼上读书写字。淑仲忽然碰到一个难题，当她向吕碧城求教时，吕碧城迅速做出了回答。淑仲看着眼前这个阳光明媚的女子，苦恼忽然涌上心头。眼前的这个女子是如此耀眼，以至于丈夫几乎将所有目光都放在了她的身上。

她觉得自己在光芒耀眼的吕碧城面前，如果用读书来增加自己的学识，丈夫或许能够回过头来看一看自己。

淑仲的举动，自然是正确的。在她提出要进京读书后，英敛之的的确确是被早已相处多年的妻子的举动惊到了，怎么一向大家闺秀的妻子会选择像新式女性一样重新去读书？稍一思索，英敛之便明白其中缘由，心里对妻子的愧疚油然而生。

第三章
人生若只如初见

淑仲看出了丈夫对吕碧城的爱意，吕碧城身为当事人怎么会看不出来？但是爱情，并不只是两个人相爱便可以在一起的，更何况英敛之已经有了家室。让吕碧城去给英敛之填房，那是绝对不可能的。

许多年以后吕碧城回忆这一段往事的时候，曾说过"予初抵津，诸友侦知窘况，纷赠旧衣服及脂粉胰皂等日用所需，供应无缺，其事甚趣，谊足深感"这样的话。在这段话里，她略去了英敛之对她的热情接待。但是，在她一生中所留下的印章里，有一枚"敛之氏"的自刻印章，这似乎表明了少女时代的吕碧城的真实心迹。

吕碧城早已明白英敛之的心意，他的追求是如此热烈，可是吕碧城在面对淑仲夫人的时候心中不免暗生愧疚，因此她选择了逃离。恰逢此时天津的舅父被罢官，吕碧城便有了离开的借口。

吕碧城离开之后，英敛之似乎冷静了下来。对于他和吕碧城的关系，外部早已流言四起。而妻子的变化，他也看在眼里。他曾在日记中写道："内人连日作字、观书，颇欲发奋力学。……内人犹未眠，因种种感情，颇悲痛，慰之良久始好。"

张爱玲在《红玫瑰与白玫瑰》里说："也许每一个男子全都有过这样的两个女人，至少两个。娶了红玫瑰，久而久之，红的变了墙上的一抹蚊子血，白的还是'床前明月光'；娶了白玫瑰，白的便是衣服上沾的一粒饭黏子，红的却是心口上一颗朱砂痣。"

此时的英敛之，面对的又何尝不是红玫瑰与白玫瑰这样一个选择？只不过在理性与感性的交锋里，理性最终占了上风，英敛之最终选择了与他共度数十年的淑仲。

[5] 若如初见

就在英敛之和吕碧城越走越远的时候，他却与吕碧城的二姐吕美荪越走越近了。

其实早在吕碧城和英敛之相遇之前，英敛之就已经和吕美荪相识了。1901年，英敛之刚开始筹办《大公报》，去上海购买印刷机器时，在好友朱致尧家即结识了吕美荪。英敛之顿时为吕美荪的才华所惊艳，两个人也因此而熟识。

1904年，吕碧城在天津创办北洋女子公学，吕美荪前来协助，也是英敛之亲自将她带过来的。

1906年8月22日，吕美荪彼时正在北洋女子公学教学，有一次她外出突遭车祸导致左腕骨折。在医院住院的时候，英敛之常常前去探望，而且有时英敛之看望吕美荪的频率竟然多达一天两三次，甚至会整夜陪伴吕美荪到天明。

一个男人彻夜陪伴一个女人，即便是在当代，明眼之人都可看出那个男人对于女人的喜欢，更何况是在那样一个充满封建思想的年代。英敛之的举动，无疑彰显着他对于吕美荪的好感。

在对吕美荪好感日益增加的同时，英敛之对吕碧城也越发厌恶了起来。

1905年2月11日，英敛之的日记里第一次表露了对吕碧城的不满："哺，至女学堂，闻碧城诸不通语，甚烦闷。"吕美荪住院时，有一次探视的英敛之恰好遇到了吕碧城，结果那日英敛之在日记中写道："晚饭后至医院，与碧城数语，觉其虚骄浅薄之状，甚可恶！辞归。"过了一段时日，英敛之再次和吕碧城在医院相遇，关于那天的相遇，英敛之则写道："至医院，碧城在，觉其虚骄刻薄之态，极可鄙，大不快，漠漠良久。"

英敛之和吕碧城的关系变得糟糕，吕美荪自然看在眼里，她也极力在英敛之和吕碧城之间斡旋，劝导英敛之和吕碧城不要如此冷漠，希望他们之间的关系能有所改善。但是吕美荪的努力并没有起到任何效果。

1907年，吕美荪已经转至奉天女子师范学校任教，此时恰逢英敛之的诗集《也是集》出版。吕美荪亲自为这首诗作了序，并称英敛之为人"不特富于国家思想，而于友朋尤挚"，"夫人淑仲女士，学问澄渊，品性敦厚，为我女界之杰出，而与清扬尤称莫逆者也"。

是年，吕美荪和朱翰章结婚。可就是这次结婚，竟然把英敛之给惹怒了，因为吕美荪这次结婚是秘密进行的，英敛之甚至完全不知道有这回事。在知晓这一情况后，英敛之颇为不快。但是吕美荪做人十分聪明，她给英敛之送去了一对玻璃金彩花瓶，并且一再叮嘱英敛之不要再生气。

然而吕碧城的性格却与吕美荪大相径庭。吕美荪处事聪明机警，吕碧城却冷傲倔强，决不会曲意逢迎、讨好他人。因此她和英敛之之间竟越走越艰难。1908年9月13日，英敛之竟然直接在日记里写下了和吕碧城绝交的字眼。

绝交，这二字说得轻巧，但是却意味着这两个人之前的交谊一笔勾销，从此你走你的阳关道，我过我的独木桥，天涯陌路，相逢不识。

其实吕碧城和英敛之的绝交，大抵是已经注定了的。英敛之思想相对保守，比较赞同维新派的思想。在康有为"公车上书"后，英敛之写了一篇《论兴利必先除弊》的文章，将北京谚语所说"皇上是傻子，王爷是架子，官是搂子，兵是苦子"的话加以发挥，对康有为的政见持肯定态度。

而吕碧城的思想则相对激进，在结识秋瑾之后，她对社会的抨击以及言论也越发猛烈起来。

作为一手将吕碧城推上历史舞台的英敛之，自然希望她多多注意自己的言行，学会收敛。但是吕碧城天生便是那种固执而坚定的人，从塘沽舅父家出逃到后来坚持北洋女子中学民办官助，凡是她坚定了的事情，又何时做过改变？

两个如顽石一般固执的人，一旦争执起来，便免不了撞得头破血流。而且他们的争执并不是一时的，而是长久性的，吕碧城听不进英敛之的劝告，自然让他也有些烦躁。

裂痕，就这样在两个人的争吵间产生了。人与人之间的感情往往如同美丽却脆弱的玻璃杯，一旦产生裂痕便再难愈合。

1908年11月15日，光绪与慈禧太后先后逝世。这个消息，让本就处于风雨飘摇的清王朝陷入一阵慌乱中。不知多少清王朝的臣子，为这个国家的未来担忧起来。

就在这本应该是个举国大丧的时刻，竟有人填了一阕《百字令》发表在报纸上：

排云深处，写婵娟一幅。翚衣耀羽。禁得兴亡千古恨，剑样英英眉妩。遮罩边疆，京垓金币，纤手轻输去。游魂地下，羞逢汉雉唐鹉。

为问此地湖山，珠庭启处，犹是尘寰否。玉树歌残萤火黯，天子无愁有女。避暑庄荒，采香径冷，芳艳空尘土。西风残照，游人还赋禾黍。

早年慈禧未死时，缪嘉惠以一幅称赞武则天的《金轮皇帝衮冠临朝图》献给慈禧时，便让她高兴不已。没想到慈禧刚一去世，便有人直接在诗词里大骂慈禧这个空误国事的女人即便入土之后也无颜去见大汉吕后和盛唐武则天。

这阕词一出，顿时在文化界掀起了一阵风雨，以致清政府恼怒非常，竟到处搜查写词之人。直到很久之后,大家才知道写词的这个人,竟然是吕碧城。

　　吕碧城和英敛之之间的关系越来越僵化,到最后两个人甚至针尖对麦芒,直接在报纸上公开相互明嘲暗讽起来。吕碧城思想开放,而且相对年轻,对于国外的新鲜事物接受得也比较快。当时天津服装业也受到了西方影响,在新风潮的影响下,吕碧城的衣着也越来越洋气起来。

　　看着吕碧城的衣着风格,以及生活习性,英敛之立即在《大公报》上发表了一篇《师表有亏》的文章,称:"女学虽要紧,那充当女学教习的人尤其要紧。不但学问要渊博,而且她的品性要尤其端正。""我近来看着有几位当教习的,怎么打扮得那么妖艳呢,招摇过市,不东不西,那一种妖艳的样子,教人看着不耐看。"篇尾,英敛之还劝道:"快快改良吧,别给新学堵嘴了。"

　　英敛之的这篇文章一出,吕碧城自然知道说的就是自己。于是1908年8月13日,英敛之的日记里便出现这样的记录:"碧城因《大公报》白话登有劝女教习不当妖艳招摇一段,疑为讥彼,旋于津报登有驳文,强词夺理,极为可笑。数日后复来信,洋洋千言分辩,予乃答书,亦千余言。此后遂不来馆。"

　　至此,吕碧城和英敛之之间的交情基本可以说是烟消云散了。

　　一个是京津才女,一个是青年才俊。这两个在相遇之后结下了深厚友谊的民国精英,本应该是相互扶持并且就此将友谊延续一生的,但是因为两人性格以及所秉持的信仰不同却最终将友谊走到了末路,不得不说世事变化,让人难免有些唏嘘。

第四章 青琴弹冷碧云天

[1] 寒云公子

　　周星驰饰演的《大话西游》在国内有各种各样的解读，这部电影中的经典台词也很受观众喜欢。在众多的经典台词中，紫霞仙子说过的一句话更是广为人知："我的意中人是一个盖世英雄。上天既然安排他拔出我的紫青宝剑，他一定是个不平凡的人，错不了！我知道有一天他会在一个万众瞩目的情况下出现，身披金甲圣衣，脚踏七彩祥云来娶我！"

　　英敛之自然是吕碧城的盖世英雄，在吕碧城走到末路的时候将吕碧城推上了民国文坛，只可惜他却不是吕碧城的意中人。也许以吕碧城的才华与骄傲来说，当时她根本就找不到任何意中人吧。可是正如飞蛾会扑向烛火一样，吕碧城的存在是那样耀眼，她身边自然不会缺追求者。

　　除了英敛之，还有一个人也曾深深地爱慕过吕碧城，那就是袁世凯的次子袁克文。

　　袁克文十分聪颖，据袁克文《辛丙秘苑》记载：他六岁识字，七岁读诗经，十岁习文章，十五岁学诗赋，十八岁授法部员外郎……

　　除了天资聪颖，袁世凯对于袁克文的教育也是非常重视的。袁世凯做山东巡抚时，曾专门写过一篇名为《示次儿书》的家书，对当时年仅10岁的袁克文教育道：

尔前次寄来之史论，立议尚新，议论也畅，唯字体太奇特，非少年所宜。当多临欧柳法帖，以资矫正。近闻尔行事喜效名士，此非具有真才实学者，不克幸享盛名。而尔之记忆力薄弱，安得将所读之经史子集，尽记脑中，以充腹笥？惟有勤动笔免思一法：于读书时，将典故分门别类摘录于日记簿，积久汇成大观，或备临时检查，或备随时翻看，则所作文件必能出人头地。

从袁世凯的信中可以看到，虽然当时的袁克文年幼，但是却已然对名士心存向往，喜欢效仿名士，而对做官不屑一顾，以至袁世凯称帝时，诸皇子纷纷前去试穿皇子袍，袁克文的兄长袁克定更是沉浸在做太子的美梦里。但是袁克文不仅不去，反而写了一首诗对父亲称帝的行为表示反对：

乍著微棉强自胜，
古台荒槛一凭陵。
波飞太液心无著，
云起摩崖梦欲腾。
偶向远林闻怨笛，
独临明室转明灯。
绝怜高处多风雨，
莫到琼楼最上层。

另一件有趣的事情是，袁世凯竟然曾劝袁克文不要做官：

字谕次儿。收到五月十五日所发家禀，知尔有做官之意，讶甚。

尔素好虚声，学步名士，何以忽作此热中妄想？大抵尔以为自身秀才也，父亦秀才也，父以秀才而跻高位，自身亦可以秀才而跻身高位也。殊不知余之际遇，非尔所可幸邀，余得荣、李两故相之赏识，太后之宠遇，始有今日。然而愈跻高位，倾跌愈危，前月在政务处与醇王冲突，余几饮弹而死。官海风波，瞬息万变，余手握兵柄，身居要职，尚且朝不保暮，岌岌可危，屡谋急流勇退，无如太后倚重偏殷，难违懿旨，一旦冰山倒，余便即夕辞职归隐。

小子无知，亦思投入此旋涡中，不智甚矣！余不望子孙得高官厚禄，但愿能俭朴持家，能得一秀才，诗礼家声历传不替，于愿足矣。

尔当谨遵训言，芟除干禄之念，唯以改过迁善，戒奢除骄，入则笃行，为诸弟作则；出则由言得社会信用，便是袁氏佳子弟也。

没想到许多年后，袁克文倒是将袁世凯的话听进去了，对权力没有丝毫迷恋，但是袁世凯反而深陷在称帝的梦幻泥潭里。

袁克文18岁时所担任的法部员外郎，是他一生担任的唯一官职，而且还是政府以荫生授予。

也正是因为这唯一一次当官，袁克文救了吕碧城一把，得以与她相识。

1907年7月6日，徐锡麟在安庆起义失败，徐锡麟之弟徐伟供出了秋瑾。四天后，秋瑾得知徐失败的消息，但拒绝了旁人劝她离开的劝告，表示"革命要流血才会成功"，在遣散了所有人之后，她独自留守在大通学堂。14日下午，清军包围大通学堂，秋瑾被捕。在被清军逼供时，秋瑾只字未吐，仅书"秋风秋雨愁煞人"以对。

秋瑾就义之后，清军开始大肆搜查革命党人的资料，在秋瑾家中，清军搜查到了秋瑾与吕碧城交往的书信。浙江巡抚衙门禀清廷法部，要求逮捕吕碧城。而此时，袁克文正在清廷任职。他对于吕碧城这个京津文坛新秀早有耳闻，并且将法部即将逮捕吕碧城的事情告诉了袁世凯。恰好袁世凯对吕碧城亦十分欣赏，因此袁世凯在接触到法部的人时，直言道："若有信件交往便是叛贼，那咱老袁不也是叛贼了？"

因为袁世凯的这句话，清廷法部最终放弃了批捕吕碧城的打算。

吕碧城惊险逃过一劫，于是前去直隶总督府拜访袁世凯，以表谢意。

彼时的袁克文年仅18岁，英俊帅气，穿着一件月白长衫，气质儒雅而俊朗。而此时的吕碧城，虽然比袁克文要大上7岁，但却更加具有成熟的魅力。而且此时的她因为在文坛崭露头角，浑身上下更是充满了自信的气质。

虽然两人相差7岁，但是却丝毫不妨碍袁克文对吕碧城的欣赏，同时吕碧城对袁克文的义气与不羁也十分敬重。两个人自然成为知交好友。

袁克文在17岁的时候便迎娶了美貌如花的妻子刘梅真，但身为袁府二公子的他，又怎么会专注于一朵花呢？婚后的袁克文依旧风流成性。据记载，仅仅被他纳入袁府中的便有唐志君、薛丽清、于佩文、小桃红、亚仙这五人。至于没纳入府中的红颜知己，更是多不胜数。

但是对袁克文来说，能入他眼的，必须是"色、才、艺、德"俱全。袁克文也曾说过对于女人的要求："或不甘居妾媵，或不甘处澹泊，或过纵而不羁，或过骄而无礼，故皆不能永以为好焉。"

以吕碧城的性格，显然这四条她都不可能做到。她是吕碧城，第一条她便不可能答应，又更何况后面的三条要求。

所以后来有人撮合她和袁克文时，她无比清醒地回答："袁属公子哥儿，只许在欢场中偎红依翠耳。"

袁克文和吕碧城，正如两个本来平行的列车，在铁轨交会的时候偶然相遇，但是在交会之后却还是沿着不同的方向驶向远方。

1916年，袁世凯死去，袁家迅速衰败。正所谓树倒猢狲散，袁克文也从衣食无忧的公子哥沦落到在上海滩卖字求生。吕碧城听说后，登门拜访，却被袁克文拒绝了。

袁克文不想见吕碧城，大概是因为觉得此时的他已经再无颜见她了吧。

1931年3月22日，袁克文猝死，年仅42岁。

"我的意中人是一个盖世英雄。上天既然安排他拔出我的紫青宝剑，他一定是个不平凡的人，错不了！我知道有一天他会在一个万众瞩目的情况下出现,身披金甲圣衣、脚踏七彩祥云来娶我!"

"我猜中了前头,可是我猜不着这结局……"

[2] 师生情缘

1908年,此时的吕碧城正处在与英敛之的"战争"中,与袁克文的交友稍微减轻了一些吕碧城内心的痛苦,但是让吕碧城觉得自己能够被人所理解的却是另一个人——严复。

严复原名宗光,字又陵,后改名复,字几道,福建侯官县人,是中国是近代著名的翻译家、教育家、新法家代表人。

严复曾先后毕业于福建船政学堂和英国皇家海军学院,曾担任过京师大学堂译局总办、上海复旦公学校长、安庆高等师范学堂校长、清朝学部名辞馆总编辑。在李鸿章创办的北洋水师学堂任教期间,培养了中国近代第一批海军人才,并翻译了《天演论》,创办了《国闻报》,系统地介绍西方民主和科学,宣传维新变法思想,将西方的社会学、政治学、政治经济学、哲学和自然科学介绍到中国,提出的"信、达、雅"的翻译标准,对后世的翻译工作产生了深远影响,是清末极具影响的资产阶级启蒙思想家、翻译家和教育家,是中国近代史上向西方国家寻找真理的"先进的中国人"之一。

那么像严复这样一个著名的民国人物,又是如何结识吕碧城的呢?

严复与吕碧城的第一次见面,应当是在1906年10月9日。当日严复从上海到达天津并与英敛之一起到达《大公报》馆，在和当时风头正劲的吕碧城交谈一番后，为吕碧城写下了一副条幅。

在很多文章里，都认为吕碧城和严复的结识得益于英敛之从中介绍。这样说虽然并没有错，但其实在此之前，吕严两家已经是世交。

严复早年翻译《天演论》的时候虽然外文水平非常高，但是汉语写作功力却差些火候，当时他的好友吕增祥帮了不少忙。后来严复的长子严伯玉迎娶了吕增祥的女儿吕静宜，而吕静宜的姑姑吕汶又嫁给了吕碧城的舅舅严海帆。有着这样的关系，严复想必对吕碧城就已经有了不少了解了。

在和吕碧城见面之后，严复和吕碧城偶有往来，并且曾为吕碧城的《女子教育会章程》作序。两个人在信件的交往中渐渐培养出了深厚的友谊。

1908年8月，杨士骧接任袁世凯直隶总督一职，严复受到他的聘请，也到了天津。当年9月份，严复专门为吕碧城讲解耶芳斯的《名学浅说》，"名学"，也就是逻辑学。此时的严复开始翻译《名学启蒙》，并且曾经书写"明因读本"四字于《名学启蒙》的讲义上，吕碧城因此改字为"明因"。

严复在与吕碧城熟识一段时间之后，在1908年9月7日给何纫兰的书信中介绍了自己对吕碧城的印象，并分析了吕碧城与英敛之、傅增湘等人交恶的原因：

> 吾来津半月，与碧城见过五六面，谈论多次，见得此女实是高雅率真，明达可爱，外间谣诼，皆因此女过于孤高，不放一人在于眼里之故。英敛之、傅问沅所以毁谤之者，亦是因渠不甚佩服此二人也。据我看来，甚是柔婉服善，说话间，除自己剖析之外，亦不肯言人短处。……渠看书甚多，然极少佩服孔子，坦然言之；想他当日出而演说之时，总有一二回说到高兴处，遂为守旧人所深嫉也。

何纫兰是严复的外甥女，对平权和女学十分感兴趣，甚至曾经有心如同吕碧城一样创办女子学校。严复对外甥女的志向十分支持，同时表示自已愿意到外甥女创办的学校担任教员。

因为吕碧城和何纫兰有着相同的志趣爱好，严复还曾介绍她们俩相识，并且曾经代外甥女何纫兰给吕碧城回过信：

吾国屡遭外侮，自天演物竞优劣败之说自西徂东，前识之人咸怀复亡之惧，于是教育之议兴于朝野。顾数年以来，男子之学尚未完备，而所谓女学，滋勿暇矣。第自妹观之，窃谓中国不开民智、进人格，则亦已耳。必欲为根本之图，舍女学无下手处。盖性无善恶，长而趋于邪者，外诱胜，而养之者无其术也。顾受教莫先于庭闱，而劝善莫深于慈母，孩提自襁褓以至六七岁，大抵皆母教所行之时；故曰必为真教育，舍女学无下手处。

在严复代笔的这封信中，他不仅向吕碧城说明了中国受列强欺侮的原因是"优胜劣汰"，同时还肯定和赞扬了吕碧城重视"母教"的教学主张。

1908年10月16日，一向极少写艳情诗词的严复，竟然出人意料地作了一首《秋花次吕女士韵》：

秋花趁暖开红紫，海棠着雨娇难起。
负将尤物未吟诗，长笑成都浣花里。
绿章乞荫通高闳，剑南先生情最真。
金盘华屋荐仙骨，疏篱柴几皆前因。
故山丛桂应好在，抽叶悬崖俯寒濑。
山阿有人从文狸，云旗昼卷声绰缫。
修门日远灵均魂，玉虬飞鸟还相群。
高丘无女日将暮，十二巫峰空黛鬟。
君不见洞庭枇杷争晚翠，大雷景物饶秋丽。
湖树湖烟赴暝愁，望舒窈窕回斜睨。
五陵尘土倾城春，知非空谷无佳人。

只怜日月不贷岁，转眼高台亦成废。
女环琴渺楚山青，未必春申尚林际。

在这首诗里，严复多次引用《九歌》《离骚》中的典故，并且将吕碧城比作"秋花""海棠""倾城春"来赞美她的美丽。一个男子肯在自己的诗中赞美一个女子，恐怕不单单只是因为这个女子的才华与美丽，更重要的是因为这个女子在那个男子的心中占有一定地位。

就在这首诗写完后的第二天，严复给外甥女何纫兰写了一封信，在这封信中，他向外甥女何纫兰详细介绍了吕碧城此时的痛苦和艰难：

此人年纪虽小，见解却高，一切陈腐之论不啻唾之，又多裂纲毁常之说，因而受谤不少。初出山，阅历甚浅，时露头角，以此为时论所推，然礼法之士疾之如仇。自秋瑾被害之后，亦为惊弓之鸟矣。现在极有怀谗畏讥之心，而英敛之又往往加以评骘，此其交之所以不终也。即于女界，每初为好友，后为仇敌，此缘其得名大盛、占人面子之故。往往起先议论，听者大以为然，后来反目，则云碧城常作如此不经议论，以诟病之。其处之苦如此。

在给外甥女何纫兰写完这封信之后，严复再次写了一首标题为"答某女士"的艳情诗词：

赠我琼瑶一纸，记说暮山凝紫。何许最关情？云裂夕阳千里。罗绮罗绮，中有清才如此。

这首艳情诗词比起严复之前写的《秋花次吕女士韵》虽然相对简短，但是却更加肉麻，而且标题虽然是"答某女士"，但在当时那个节骨眼上，与严复交往甚密，并且能让他写下艳情诗词的，恐怕只有才华横溢、亭亭玉立的吕碧城了。

对于严复的暧昧情感，吕碧城恐怕已经隐约感觉到了。但是对于亦师亦友的严复，她心中却并没有任何爱情方面的感觉，因此对于严复的表露，她并没有回复。严复是何等聪明的人物，在知道了吕碧城的意思之后，只能在1909年6月13日的日记里轻轻感叹一句："下午，吕碧城来视，谈极久。此儿不嫁，恐不寿也。"

有时，在这红尘之中相遇，并不代表着两个人就能白头到老。当时的吕碧城，比严复足足小了近30岁，这样一对师生，最后没有走到一起也就不足为怪了。

[3] 缘起缘灭

　　1907年，吕碧城的二姐出嫁了，与朱翰章喜结连理。二姐出嫁之后，吕氏姐妹中便只剩下吕碧城和幼妹吕坤秀了。吕坤秀年纪还小，自然不宜谈婚论嫁，但是此时的吕碧城已经24岁了。在当时，女子十几岁便要为人妻、为人母，24岁对于还待字闺中的吕碧城来说已经不算小了。

　　此时，吕碧城身边的亲友都不免着急起来。在这些催婚的人中，有母亲严士瑜，有两个姐姐吕惠如、吕美荪，同时也有前辈傅增湘以及恩师严复……

　　虽然严复不再对吕碧城抱有什么希望，但是他还是希望吕碧城能够早点找到自己的归宿。《鸣沙石室佚书·太公家教》讲："一日为师，终身为父。"这句话虽然讲的是做学生要像尊敬父亲那样侍奉老师，可是从这句话中也不难看出学生与老师的关系之亲密。

　　而且中国古代素有老师为学生介绍良人的习惯，吕碧城作为严复的得意弟子，严复怎么可能会不关心到现在还在独身的学生呢？

　　也就在众人都在催婚的时候，一个人突然出现在吕碧城的世界里，这个人就是胡惟德。

　　胡惟德，字馨吾，1863年生于浙江吴兴。中国近代著名外交家，曾多次担任驻外使节,参与并见证了许多重大外交事件,是晚清与民国外交史上不可或缺的人物。

此时的胡惟德刚刚丧妻,想要再娶一位妻子。这么一个人想要续弦,自然也不可能看上一般人。

于是,他看上了吕碧城——这个风华绝代的女子。

胡惟德先是托傅增湘做媒,没想到却被吕碧城拒绝了。在政治场上纵横捭阖的胡惟德,何时受过这种拒绝,自然不死心,于是便写信给吕碧城的恩师严复从中说服。此时的严复已经调往北京任职,而胡惟德的信却寄到了严复在上海的居处,严复的夫人收到了这封信,于是这封信又从上海转至北京。结果转递的信不知出了什么差错,等到胡惟德的弟弟胡仲巽到北京,严复才知道这个事。而此时,胡惟德已经和一位美国女留学生定亲了。

这件事使严复感到非常遗憾,同时也使得严复与夫人闹了误会,他甚至因此事诘问过他的夫人朱明丽。

从胡惟德的社会地位来说,他应该是吕碧城的良配了,吕碧城的母亲严士瑜以及两个姐姐还有诸位好友也认为胡惟德是个不错的人选,可是吕碧城却仍旧看不上。吕碧城的回答很简单,胡惟德年纪太大了。

此时的胡惟德已经44岁了,与吕碧城足足相差20岁。吕碧城不愿意将自己大好的青春年华浪费在一个年近半百的男子身上,即便这位男子在那个时代如何出彩。

吕碧城的态度,让严复更加担心起来。他在给外甥女何纫兰的信中写道:

碧城心高意傲,举所见男女,无一当其意者。极喜学问,尤爱笔墨,若以现时所就而论,自是难得。但以素乏师承,年纪尚少。故所学皆未成熟。然以比平常士夫,虽四五十亦多不及之者……

后来也有不少人给吕碧城提过亲，可是吕碧城却一一拒绝。那么她期待的到底是怎样的男子呢？在一阕《浣溪沙》中，吕碧城给出了自己的答案。

不遇天人不目成。藐姑相对便移情。九阊吹下碎琼声。
花号水仙冰作蕊，峰名玉女雪为棱。好凭心迹比双清。

"目成"一词出自屈原的《楚辞·九歌·少司命》："满堂兮美人，忽独与余兮目成。"意思是说两个相爱的人眉目传情。"藐姑"则出自《庄子·逍遥游》："藐姑射之山有神人居焉，肌肤若冰雪，绰约若处子。"吕碧城这首词的第二句意思是说如果遇到像姑射仙子这样的人，便会一见钟情。

良人难寻，佳人难配。以吕碧城当时的地位和才华，她所能找的"天人"实在少之又少。

但是在民国那样一个繁华缭乱的年代，吕碧城难道真的就没有一个看得上眼的人吗？晚年的时候，一个朋友问过她终身不嫁的原因，她回答："生平可称许之男子不多，梁任公早有妻室，汪季新年岁较轻，汪荣宝尚不错，亦已有偶。张蔷公曾为诸贞壮作伐，贞壮诗固佳，耐年届不惑须发皆白何！我之目的，不在资产及门第，而在于文学上之地位，因此难得相当伴侣，东不成，西不合，有失机缘。"

梁任公是梁启超，汪季新是汪精卫，汪荣宝是民国元年的临时参议院议员、后来的比利时公使，张蔷公是张謇，诸贞壮亦是当时的文艺大腕。

这句话若放在别人身上，必然会被人批为"眼高于顶"，可是对于吕碧城来说，她有这样的资本去挑选、评判。

假如吕碧城放下身段会找不到么？答案自然是否定的。除却吕碧城欣赏的那么几个，民国那么多才华横溢的俊才，能够与吕碧城携手终生的，肯定也有。只是有一种爱情的态度叫"不将就"。世上始终有那么一种人，在未遇到自己喜欢的那个人前，从她的世界路过的所有人都是将就。

[4] 政坛女杰

随着列强对于中国的进一步侵略,清政府被迫做出了很多改变的举措,想要改变自己在百姓眼中的印象,试图挽救清廷的统治,但是腐烂早已深入清王朝的骨髓,它的沉没,已是不可避免的了。

1911年10月10日深夜,伴随着武昌城内一阵猛然响起的枪声,辛亥革命爆发了,起义军迅速占领了楚望台军械库,随后武昌被起义军所掌控。随后,关内十八省纷纷武装起义,宣布脱离清政府统治。

1912年1月1日,孙中山正式就任中华民国临时大总统,宣布中华民国成立。

不久,统治中国二百多年的清王朝,终于在历经数十年的风雨飘摇后轰然倒塌。

清朝的覆灭,民国的成立,自是让一直以来想要逃离封建道德束缚的吕碧城欢喜异常。在这种欢欣的心情下,吕碧城写下了一首《和程白葭韵》:

谁更临风忏落花,枝头新绿自交加。
春回大野销兵戟,雨润芳塍足学麻。

几辈阆风闲绁马，千秋湘水独怀沙。

软红尘外天沉醉，愿祝余晖驻晚霞。

程白葭名程淯，江苏常州人，喜藏书画，尤擅书法，在诗词方面也有一定成就。程白葭是袁克文的好友。吕碧城在和袁克文结识后，自然也慢慢和袁克文身边的诗友相互认识了。

1912年，吕碧城送母亲去上海，此时吕碧城的二姐吕美荪已经受聘于上海的一所学校，正好由二姐照顾母亲。在这次南下之行中，吕碧城拜访了民国诗妓李苹香。

1880年，李苹香生于徽州，真名叫黄碧漪。黄姓是徽州望族之一。到李苹香父辈时，家道已中落。李苹香的父亲在徽州做着书吏的工作，后来举家迁往浙江嘉兴。

李苹香天资聪颖，年仅8岁便开始作诗。当地的一位先生在看到李苹香的诗后惊呼："此种警艳，当于古人遇之，至于今人，百年来无此手笔！"

1897年，18岁的李苹香与母亲以及异母兄弟共三人一起去上海看赛马会。或许是上海的物价高，或许是母子几人玩过了头，等到她们回头清点自己的财产时，发现自己剩下的钱不仅无法支付旅馆费，甚至盘缠都支付不了了。

就在这时，一个自称姓潘、来自嘉兴临县嘉善县的客人，以老乡的名义表示愿意资助母子几人，让她们玩得尽兴。不料就在李苹香母子几人玩了几天后，这个潘姓男子忽然提出要娶李苹香为妻。这样一来，母子几人便没有了退路，李苹香只好嫁给了这个潘姓男子。

没想到这个潘姓男子早已有了妻室，当他把李苹香带回家时，妻子却不让他进门。于是他心生一计，将李苹香带往苏州。这个潘姓男子实际上并非大富，将李苹香带往苏州后，他竟要求李苹香去做妓女。作为封建时代的女性，李苹香对男性是无法反抗的，从此她沦为风月场上的人，因为善于写诗，之后名声渐起，成为名噪一时的"诗妓"。

1901年，李苹香移居上海，并与民国教育家、书法家李叔同相识。李叔同十分欣赏李苹香的才华，经常两人诗词相和。后来章士钊写《李苹香》一书时，还是由李叔同亲自作的序。

后来，吕美荪在上海时，曾经女扮男装去看过这个同出徽州的同乡。虽然李苹香沦落风尘，但是吕美荪却并没有看不起她，反而和她成为很好的朋友。

吕碧城在经历过这次沪上拜访之后，以一首《赠李苹香》送给这个传奇女子：

采芳人去楚天凉，一片闲情琐夕阳。
却喜苹花性情洁，已从风露浣尘妆。

这首词起笔哀婉凄冷，但是后两句却又笔锋一转，表示赞赏李苹香远离风月之后的高洁。

也就是在同一年，吕碧城收到了一份邀请——袁克文推荐吕碧城到北京担任总统府秘书。

那时社会上已经出现了支持女子参政的呼声，其中就包括中国近代史上著名的女权主义运动者唐群英。

唐群英生于1871年，是同盟会早期会员之一。在推翻清政府的过程中曾经做出过巨大贡献，是中华民国的缔造者之一。孙中山更是称赞她"是创立民国的巾帼英雄"。

有这么一个声望极高的人物呼吁女子参政，袁世凯自然十分重视。同时袁克文亦向父亲袁世凯建议，中国男女不平等压制了许多女性人才，于是提议应该提倡男女平等，公府应设置女官。

在这样的综合条件下，袁世凯亲自会见了当时的主计局局长吴廷燮，并让他起草一个女官规制。

吴廷燮早年曾经中举，而且曾在巡警部、度支部任职，对历代官制更是非常熟悉。他很快便拿出了女官规制文稿，其中又包括尚仪、尚玺、咨议等九个级别。吕碧城最终所担任的，便是总统府咨议，这个职位可以对国家大事提出意见，拥有参政议政的权力。

从秦汉到明清，在中国长达几千年的封建历史里，何尝有过女子以公开聘用的方式参政议政？但是吕碧城却做到了，在这个刚刚建立不足一年的民国里，吕碧城凭借着智慧与才情，获得了众人的认可，赢得了参与政事的机会。这样的机会，自然让吕碧城分外高兴，她在标题为《民国建元喜赋一律和寒云由青岛见寄原韵》的诗词中写道：

莫问他乡与故乡，逢春佳兴总悠扬。
金瓯水奠开元府，沧海横飞破大荒。
雨足万花争蓓蕾，烟消一鹗自回翔。
新诗满载东溟去，指点云帆尚在望。

此时的吕碧城自然是兴奋的，她对这个古老而新生的民主国家充满了期待。她以"雨足万花争蓓蕾"的精神状态兴奋地表达了自己"指点云帆尚在望"的抱负。她觉得自己既然在这个位置上，那么就应该踏踏实实地去为国为民做一番实事，去为这个新生的国家努力。

在北京任职后，吕碧城和京城名士、高官达贵的交集也渐渐多了起来。其中与袁克文的关系更是十分紧密。

袁世凯当上大总统后，本来应该十分关心政治的袁克文却对政治不感兴趣，反倒醉心于琴棋书画、戏曲翰墨。

据"补白大王"郑逸梅所记："民国二年癸丑(1913)冬克文居北京，与易哭庵、何鬯威、闵葆之、步林屋、梁众异、黄秋岳、罗瘿公，结吟社于南海流水音，请画师汪鸥客作《寒庐茗话图》，当时好事的人，目为寒庐七子，鬯威有《寒庐七子歌》。"

据说在《寒庐茗话图》中,"寒庐七子"皆着古代衣冠,形态各异,颇具名士风流。王鸥客是两湖师范学院国画教员,国画水准自然不用说。而且这幅画上还有梁鸿志的题诗,梁鸿志自幼熟读经史,时常以苏东坡自诩,所作之诗也称得上是上乘之作。因此,这幅画一出来,便引得京城人士争相观看。

晚清著名经学家、文学家王闿特地为这幅画赋诗:

流水音如天上琴,
兰亭独有管弦心。
只应内史多尘事,
不及五云深处深。

以吕碧城与袁克文的关系,引起这么大轰动的绘画,吕碧城假如不表示祝贺的话,是无论如何也说不过去的,于是,吕碧城便写了一阕《齐天乐·寒庐茗画图为袁寒云题》:

紫泉初启隋宫锁,人来五云深处。镜殿迷香,瀛台挹泪,何限当时情绪!兴亡无据。早玉玺埋尘,铜仙啼露。舐六韶华,夕阳无语送春去。鞓红谁续花谱?有平原胜侣,同写心素。银管缕春,牙籖校秘,蹀躞三千珠履。低回吊古,听怨入霓裳,水音能诉。花雨吹寒,题襟催秀句。

诗社成立之后,袁克文创作了流水音系列组诗。吕碧城又再次写了七律《和抱存流水音修禊十一真韵》表示对这位好友的支持:

闻道长安上巳辰,五陵风月属骚人。
风丝花片催诗急,好鸟游鱼狎客频。
一曲清流传胜禊,几多桑海酿奇春。
新亭挥泪真痴绝,莫负芳樽向水滨。

中国古人常言"文人相轻",可是在吕碧城和袁克文身上,却没有展现出哪怕是一点点儿,而是更多地类似于姐弟之间的关照或者朋友友谊。

因为有了在政府里的职务和袁克文的友谊,在北京时期的吕碧城结识了更多的朋友。这其中不仅包括北京政府的高官显贵,同样也包括北京地区的文人雅士。

这些朋友,一来使吕碧城站得更高,看得更远,二来也极大地扩展了吕碧城的人脉和能量,为之后的人生奠定了坚实的基础。

[5] 南社诗话

1914年6月，吕碧城经朱葆康等人介绍，加入了曾经在中国近现代史上产生过重要影响的资产阶级革命文化团体——南社。

南社1909年11月13日成立于苏州，取"钟仪操南音，不忘本也"之意，其发起人是柳亚子、高旭和陈去病等人。南社的活动中心主要在上海。

南社的主要活动时期是在20世纪初至20世纪40年代，社员遍布长江三角洲地区，也远及华中、华南、西南、华北及东北诸省，有个别人来自海外。南社有苏、浙、闽、粤、湘、辽六个支社以及新南社、南社纪念会，其总人数超过1650人。

南社成员以同盟会会员为骨干，是中国近代史上爱国知识分子最集中、成员社会职业面最广、参加人数最多，以推翻专制政体、建立共和民主国家，并力倡弘扬中华优秀传统文化、吸取西方进步文化、促进社会革新为主要宗旨的民间组织。

至于介绍吕碧城入南社的朱葆康则是一位传奇人物。

朱葆康，字少屏，1882年出生于上海，早年赴日本留学并加入中国同盟会。1912年，应孙中山先生邀请赴南京襄组总统府任秘书。1916年，任环球学会总干事。抗日战争期间，朱少屏任国民政府驻马尼拉总领馆的领事。"珍珠港"事件后，日军占领马尼拉，强迫中国总领馆敦促重庆政府对日本"媾和"和宣布承认南京汪伪政府，还要求总领馆组织华侨为日本当局筹集巨额捐款。中国总领事馆朱少屏等九名外交官无一屈服，对日本的无理要求严词拒绝。日寇恼羞成怒，把朱少屏等人抓起来施以酷刑，最后横加杀害。

朱葆康是南社创始人之一，南社的很多事物也是由他负责的。有这么一个有分量的介绍人，可以说吕碧城进入南社对南社来说算得上是相当热闹的。

南社的重要活动形式是雅集。

雅集，源自古代，专指文人雅士吟咏诗文、议论学问的集会。在热闹的聚会中，大家写下自己的得意作品，任他人品评、欣赏。吕碧城第一次参加南社雅集是在1914年中秋节，地点是上海徐园。

徐园又名双清别墅，占地3亩，1883年由浙江海宁丝商徐鸿奎创建，时人评价"其园林布局当为海上诸园之最"，为清末沪北风景佳绝处，当时曾被誉为沪北十景之一。

1887年，徐园正式对外开放，门票为一毛钱。园内专设戏台，演出昆曲、髦儿戏等，每晚还张灯结彩，元宵夜更有各色烟火、花炮在鸿印轩（徐鸿奎的斋号）前燃放，呈现火树银花奇景，引得沪上骚人墨客争相结伴来游，亦在每年举办的菊花会上斗酒赋诗。

是日，吕碧城穿着一身光鲜的衣服踏进徐园。一进门，吕碧城便被眼前的景色惊到了。出现在她面前的竟然是一簇簇鲜艳的菊花，黄、白、紫、红、粉、绿、墨，姹紫嫣红，简直如同一场盛大的花展。

吕碧城的到来让早已进了徐园的南社文人们都不由眼睛一亮，仿佛这个女子一出现，徐园里的其他人的光芒就迅速黯淡了下来。这个女子是如此娇艳，如此耀眼，就像是划过徐园上空的流星。

吕碧城首次参加南社雅集，不免和众人相互介绍一番。随后大家开始吟诗作对。吕碧城自然按捺不住，一连写了两首词作，一首是其早年所作

的《法典献仙音·题〈虚白女士看剑引杯图〉》,而另一首则是《烛影摇红》:

重展残笺,背人颠倒吟思遍。嫣红点点灿秋棠,总是啼痕染。才喜芳菲时渐,悄寒帘,且舒愁眼。含情待见,五色春曦,组成光线。不道春来,楼空人杳愁归燕。阿谁钩引玉清逃?草露湔裙满。底说高句骊远,听鹃语、替传哀怨。小桃无主,嫁与东风,已因风散。

这首《烛影摇红》写于 1913 年,其背景是这年春天,袁世凯刚刚上任大总统不足一年,外蒙古库伦政府便派出一支万余人的蒙古兵南下,直指内蒙古和新疆。这支部队不仅有着曾经战无不胜的蒙古铁骑,而且还装备了新式枪械。面对着南下的蒙古兵,北洋政府虽然派出了军队抵抗,可是在战争中竟屡战屡败,偶尔小胜,蒙古也不过只损失百余人。

在吕碧城的这首词中,豪迈大气,她将自己的爱国情怀、忧世自信统统宣泄在这洁白的宣纸上。这首词,也得到南社诗人们的一致认可。

聚会一直持续到月上中天,大家这才尽兴,各自归去。

吕碧城进入南社之后,创作似乎得到了进一步发展,而且不再限于诗词了。1915 年,吕碧城写了一首在她的作品里十分罕见的《费夫人墓志铭》。

……………

荄则敝矣,播馥扬芬。

舜华易谢,寔陨其年。

松竹之操,孰陵其坚。

宅身弇晦,光于斯文。

千秋万禩,永奠幽窀。

费夫人,姓费名佩庄,字叔娴,江苏吴江人氏。叔娴 8 岁时父亲便去世了,此后她一直由母亲抚养。17 岁时,她嫁给了吴县候选知府谢景宜。

她与丈夫十分恩爱，相敬如宾，与丈夫的家人的关系也处理得很好，家庭十分和睦。

然而不过五年，丈夫便因病亡故了。为了表明自己的忠贞，她竟毁容守寡，并力排众议，选宗立后。然而福无双至，祸不单行，她刚刚服丧完毕，过继婴儿又得了凶疾。1911 年 4 月，费夫人因思虑摧伤逝去，年仅 26 岁。死后，她与丈夫合葬于吴县的西跨塘。

费夫人毁容守寡自然是忠贞不渝，这种爱情也是大家所赞赏的，甚至可以算得上足以流芳千古。但是从另一个角度看，这却是一种旧道德旧思想的束缚。为了死去的丈夫而毁容，甚至搭上自己的性命，这完全不是一种理智可取的思维。

同样的，吕碧城既然为费夫人写下这么一篇赞扬的铭文，那么她的骨子里，必然也是赞同费夫人的行为的。这对于一向标新立异、追求新学的吕碧城来说，也算是她性格中的一个缺陷。

或许人性从来都是复杂的，一个人的行为虽然能让人看出她的部分思想，但是却不足以让人看透全部。也许，这恰好也就是人性之美。

与文坛得意相比，政坛上的吕碧城却是失意的。

她之所以走进总统府去担任那样一个位置，最初的梦想就是要通过所担任的职位去为百姓做一番实事。

然而事实往往残酷得让人觉得可怕。希望有多大，失望就有多大。身在官场的那几年里，吕碧城亲眼见识到了官场的黑暗与腐败，而内阁风潮、宋教仁案、二次革命更是让她见识到了政治只是争权夺利的角斗场。

尼采在《善恶的彼岸》里说："与恶龙缠斗过久，自身亦成为恶龙。凝视深渊过久，深渊将回以凝视。"吕碧城见识了官场的黑暗，但却并没有像其他人一样去与官场之人同流合污，只是她之前对于政治，希望能够为国尽力、为国民做一番实事的心渐渐冷了下来。

甚至在很多年以后，她曾以一种冷厉而清晰的目光在《女界近况杂谈》中撕开了政治虚伪的面目，并指出了当时的政局现状：

吕碧城：
我到人间只此回

> 夫中国之大患在全体民智之不开，实业之不振，不患发号施令、玩弄政权之乏人。譬如钟表，内部机轮全属羸朽而外面之指示针则多而乱动，终自败坏而已。世之大政治家其成名集事皆由内部多种机轮托运以行，故得无为而治。中国则反是舍本齐末，时髦学子之目的皆欲为钟表之指示针，此所以政局扰攘，迄无宁岁。女界且从而参加之，愈极光怪陆离之致。近年女子参政运动屡以相胁，子不敢附和者，职是故也。

在吕碧城的眼里，此时的中国正像一个老旧的钟表，国内的政局形势已经到了腐朽不堪的境地，而各种争权夺利的事情又频频发生，再加上外部列国侵略，中国似乎已然走入一条死胡同。

从兴致勃勃到兴致寥寥，从欣然参与到远离政界，一个人究竟要历经多少心酸挫折，才能背离自己喜欢的东西，这其中的苦楚大概也只有吕碧城本人知晓了。

1915年1月18日，趁着第一次世界大战，欧美列强无暇东顾，日本帝国主义派遣驻华公使日置益觐见中国大总统袁世凯，并向其递交了"二十一条"要求的文件，企图把中国的领土、政治、军事及财政等都置于日本的控制之下。

此后，民国政府和日本历经了五个月的漫长交涉，袁世凯最终被迫签订不平等条约《中日民四条约》。

原本看穿了政治场上虚伪与黑暗的吕碧城对于这件事十分激愤，但却也没有改变的办法，因而便寄情于山水之中。也就是在那段时间，吕碧城游历了历史古迹——长城。

在游览了长城之后，吕碧城写出了借景抒情的名作《出居庸关登万里长城》：

摩天拔地青巉巉，是何年月来人间。浑疑娲后双蛾黛，染作长空两壁山。

飙车一箭穿岩腹，四大皆黝幽难烛。石破天惊信有之，惟凭爆弹迁陵谷。

万翠朝宗拱一关，山巅雉堞长蜿蜒。岩峣岂仅人踪绝，猿鸟欲度仍相邅。

当时艰苦劳民力，荒陬亘古冤魂集。得失全凭筹措间，有关不守嗟何益。

至今重译尽交通，抉尽藩篱一纸中。金汤柱说天然险，地下千年哭祖龙。

面对着国家局势江河日下，面对着国民政府签订丧权辱国的"二十一条"，吕碧城虽然想要去改变，可是面对混乱的时局，她却没有丝毫的能力，只能将满腔的热血与对祖国的热爱和对时局的无奈深深寄托在诗词里。

第五章 湖光秋月两相和

[1] 商界巾帼

1915年8月14日，杨度串联孙毓筠、李燮和、胡瑛、刘师培及严复，联名发起成立"筹安会"，为袁世凯复辟做舆论准备。

这一次，吕碧城终于看不下去了——她选择了退出政界。

假如吕碧城继续留在总统府支持袁世凯复辟，那么等待她的必然是高官厚禄。即便是吕碧城不明就里支持袁世凯复辟，就以她和袁世凯以及袁克文的私交，她的待遇也绝不会太差。可是吕碧城早已预料到结局：对于一个接受过民主的国家来说，帝制无论如何是行不通的，即便它有着短暂的恢复，但是历史终将证明，不论专制的力量有多么强大，它都终将被民主的洪流所淹没。正如孙中山先生当年说的："天下大势，浩浩汤汤，顺之者昌，逆之者亡。"

也许，吕碧城正是因为看到这一点，才毅然决然地离开了那个腐败的政治场。

美国著名作家马克·吐温说："历史不会重演，但总会惊人的相似。"30年前，吕碧城的父亲吕凤岐看到了清政府的腐败堕落，于仕途得意时急流勇退，假如他继续活下来，他绝不会想到，30年后，他的女儿竟然和他选择了一条同样的道路。

吕碧城辞官之后，还有人来邀她再进政界，可是她却选择了拒绝，那几年的官场生涯，早已让吕碧城这个聪慧女子将官场看得一清二楚，她认定当时的政治土壤已经再也不能实现她的政治抱负了。

"辞官"二字说得轻巧，可是辞官以后选择向哪里去，依旧是个问题。在权衡再三之后，吕碧城选择了去上海经商。

吕碧城这样的选择并非没有道理：

一来，吕碧城从政的经历让她有了一定的人脉，这让她有了从政的先天优势，再加上她的好友袁克文关系网十分强大，在她的帮助下，自己经商成功的可能性也就越大。

二来，上海当时有着"冒险家的乐园"之称，城市之繁华、商业之发达，即便是在当时的世界上来说也是著名的。相信看过《上海滩》的人会对上海外滩的繁华记忆犹新，舞厅、饭店、旅馆、赌场林立，夜夜笙歌，码头繁华，各种轮船纷纷再次靠岸停泊装卸货物；世界各地的商人们纷纷聚集于此，来寻找自己的人生机会。

而这些，恰好就是民国时上海最真实的景象。

从决定到上海经商到吕碧城真正富起来，前后不过两三年的时间。一个人在短短两三年就富起来，不能不说是一个奇迹。因此，对于吕碧城富起来的原因，后人不免多有猜测。

虽然吕碧城有人脉，但是做生意必然是需要启动资金的，那么吕碧城的第一笔资金到底是哪里来的呢？

吕碧城在未富裕之前便十分喜欢奢华的服饰，在生活上更是不会亏待自己。那时的她虽然在总统府任职，可是总统府发出的薪金相对吕碧城的优渥生活来说又有多少呢？因此吕碧城在决定远离政局，选择经商时，手上可能并没有多少资金。

人们不免想到了一个人——袁克文。

在那个年代，凡是听过袁克文名字的，大概都知道他是个挥金如土的公子哥儿。据记载，1918年，袁克文到上海游玩，一次竟然花去了60万大洋，而此时的袁家已经处于衰落时期！

一个是大手大脚的公子哥，一个是选择弃政从商的奇才女，而且这两个人的关系还非同寻常，袁克文给一笔钱让吕碧城从商，也不是没有可能。

关于吕碧城富起来的方式，后世也多有猜测。吕碧城也曾经对此做过回答："按先君故后，因析产而构家难。惟余锱铢未受，曾凭众署券。余素习奢华，挥金甚巨，皆所自储，盖略谙陶朱之术也。"

吕碧城所说的"署券"即现在的股票。

早在19世纪60年代，上海便已出现洋行股票。后来随着洋务运动的发展，第一只华商股票——轮船招商局股票也于1872年开始交易。随后江南制造局、开平煤矿等企业也相继发行股票。1882年9月，《申报》曾发文评论："今华人之购股票者，则不问该公司之美恶，及可以获利与否，但有一公司新创、纠集股份，则无论如何，竞往附股。"

连公司好坏、盈利状况都不去了解，只要一发行股票便去购买，可见那时人们炒股的热情绝对不输当代，炒股早已不是什么新鲜事。像吕碧城这种追求新潮的人，既然决心去经商了，自然会去碰与经商息息相关的股市。

除了股市，按照吕碧城的回答，她富起来的第二条道路应该就是做生意了。至于吕碧城具体是做什么生意的，有人猜测她做的可能是茶叶生意，因为在她的作品《游庐琐记》中发现过吕碧城与俄国茶商同游庐山的记录，再加上吕碧城的老家徽州盛产茶叶，人们做出了这样的推测也就不足为奇了。

但事实上这两者之间并没有什么直接的联系，这样的推测，未免有些勉强。

但不论如何，吕碧城的的确确是富起来了。人们常说，钱不是万能的，但是没有钱是万万不能的。事实上也确实是这样。

富裕后的吕碧城生活发生了翻天覆地的改变。她在威海卫路买了一栋豪宅，与民国政要陆宗舆和庞竹卿相邻。吕碧城的这栋房子"朱楼向南，临方式球场,北阶前黄沙碾径,绕场三面悉冬青树,西即通衢,高槐复墙而镂花铁门在焉"。而且这豪宅装饰极为奢华,不仅满屋子的欧式家具,而且还配有钢琴油画,甚至她还在门口安排了两个印度门房。因为其中的一个门房长相颇似陆宗舆,所以吕碧城常常开玩笑:陆外长给她看大门。

吕碧城时常参加上海各种舞会,每每参加舞会时都有豪车代步。上海的名流政要、名媛贵妇,她也大多有交往。在上海这个繁华缭乱的城市里,吕碧城真正意义上达到了人生的巅峰。

对于吕碧城这个奇才女来说,豪宅、豪车、舞会自然不是她的全部生活。在上海这个开放的生活环境里,她的穿衣打扮也渐渐时尚了起来,后来甚至处在了流行前线。

郑逸梅曾记载,吕碧城"常御晚礼服,袒其背部,留影以贻朋友。擅舞蹈,于蛮乐瑽玜中,翩翩作交际之舞,开上海摩登风气之先"。

郑逸梅 1895 年 10 月 19 日生于上海江湾,本名鞠愿宗,祖籍安徽歙县。1927 年,郑逸梅来到上海,加入上海影戏公司,从事编剧工作,同年他加入南社,并留有《艺林散叶》《文苑花絮》《清末民初文坛轶事》《近代名人丛话》《南社丛谈:历史与人物》等多部作品,因为擅长撰写文史掌故类文章,故被人誉为"补白大王"。

一个严谨的老派知识分子,再加上与吕碧城同为南社成员,郑逸梅的记载应该有着相当高的可信度。那时的吕碧城,应该的的确确是走在时尚的前沿的。

翻译大家朱生豪的妻子宋清如曾经说女性穿着华美是自轻自贱,但是吕碧城却认为人生只要享受得起,便要去尽力享受。人生一世,草木一秋,看起来漫长而永无终点,但实则短得可怜,既然这样,那为什么不让自己开心点呢?

中国人素来崇尚节俭,大多人家变发达之后依旧每天还是锱铢必较,可是这样便真正的快乐吗?真正的快乐,应该从心而欲,不为外物所束缚,真正遵从自己内心的想法。

吕碧城不仅在衣着上有着自己的理解，而且对于跳舞也有着自己的观点：

跳舞为国粹之一，非仅传自欧美也。吾国文化之兴，基于六艺。而乐于焉，乐与歌舞常相辅而为用，见礼记及各经传。周礼所谓乐师掌国学之政，以教国子小舞，春夏习干戈，冬秋习羽钥，皆以舞列入学科之明证。八佾两阶，为庙堂祀享之用。又祭祀则鼓钥之舞，宾客享食亦如之。是且推行于宴会间矣。至若项庄舞剑，祖逖闻鸡起舞，公孙大娘舞剑，是古之人几于人尽能舞，非仅乐师、伶工之专技也。且用之于丧葬者，见《山海经》形天与帝争。禅帝断其首，葬于常羊之山，操干戚以舞。此与埃及之死舞，同为最古之发明，亦可异也。西舞输入中土，当在唐代。白居易乐府胡旋舞云：天宝末年时欲变，内外人人学旋转，内有太真外禄山，二人最道能胡旋。按今之Salt译为旋转舞，当即尔时杨妃所习者也。跳舞为我国之古技，可无疑义。今人不自习舞，而以舞为倡优之技，误矣。惟世界愈文明，则跳舞愈成崭然有统系之仪式。迂拘者目为恶俗，每禁戒其家属，勿事学习，此无异于哀乐发于心，而禁其啼笑。拂人之性，古圣不取。且舞之功用，为发扬美术、联络社交、愉快精神、运动体力。若举行于大典盛会，尤足表示庄严，点缀升平景象，非此几无以振起公众之欢忭也。

…………

人类无分文野，本天性发而为歌，舞则同也。为文明愈进则跳舞愈成为崭新有统系之仪式。迂拘者目为恶俗，每禁戒其家属勿事学习，此无异哀乐发于心而禁其啼笑。拂人之性，古圣不取。舞之功用为发扬美术，联络社交，愉快精神，运动体力。若举行于大典盛会，尤足表示庄严……

在吕碧城看来，迂腐者认为舞蹈恶俗，禁止家属学习，但是在吕碧城看来，舞蹈不过是"联络社交，愉快精神，运动体力"的一种方式。甚至在盛大聚会上，舞蹈更是一种庄严的仪式。

从一个年幼失怙的少女到出入上海高层的名流。从一个连火车票都买不起的丫头到如今的上海女富豪，不得不说，吕碧城完成了一次人生逆袭。

1917年7月，我国华北地区受台风影响普降暴雨，海河流域发生特大洪灾。永定、大清、子牙、南北运河、潮白等数十条河流相继漫水或决堤破河，京汉、京奉、津浦铁路中断，受灾面积多达38950平方公里，受灾村庄1.9万余个，受灾人口620余万。其中以天津、保定两地受灾最重。

其中，天津市因为地处海河入海口，灾情十分严重。据《申报》记载，"天津灾情之重为历来所未有，就全境而论，被灾者约占五分之四，灾民约有八十余万人"。

灾情发生之后，国民政府为救灾采取了一系列举措。9月29日，时任大总统的冯国璋特派熊希龄督办京徽一带水灾河工善后事宜，并且设立京徽水灾河工善后事宜处，由其督办。10月15日，财政部为办理天津水灾善后事宜，向花旗、麦加利、华比等银行借银70万两，作为水灾救济借款。因为灾情严重，许多儿童逃难至京，冯国璋又推动设立任慈幼局负责收养儿童事宜，并由英敛之任局长。

上海红十字会发起赈灾提议，吕碧城在听闻这个消息之后迅速与上海诸多名媛第一时间发起成立了"京直水灾女子义赈会"，积极为灾民们募集善款，并且她还亲自代写了《赈灾通告》：

迩者，奇灾告警，大浸稽天，黔黎惨逐波臣，京畿沦为泽国。序已残秋，未退潢汙行潦；地非极纬，瞬成雪窖冰岩。等三军之挟纩，盼寄寒衣；纪万户而断炊，待输义粟。本会由海上诸女士所发起，本芳菲悱恻之怀，为博施普济之举。惊兹泽水，漂残北地蒹葭；禳彼灾氛，还借南都金粉。惟以广益集思，众擎易举，爰发通告，号召邦媛，或擅八斗才华，或属六珈名贵，现身说法，降棣棣之咸议；游艺登场，曳珊珊之环佩。此在西方彼美，早有先例可循，揆诸吴越同舟，尤属当仁不让。行见珠光花气，蒸为天际祥云；钿股钗头，化作迷津宝筏。睹姑射之仙，物不疵疠；使泥犁之狱，境悉康庄。是望联袂偕来，共维义举。此日贤劳备至，他生福慧双修。用肃芜笺，伫迟芳躅。

谨启。

在积极招募善款的同时，吕碧城自己亦积极慷慨解囊，捐出大洋十万元。在募集到预定的善款之后，"京直水灾女子义赈会"派人将这笔善款送到了北方受灾地区。

诗人樊增祥在听闻吕碧城积极参与救灾的事情之后，回函给吕碧城称赞道：

> 碧城贤侄如面：
>
> 　　得手书，固知吾侄不以得失为喜愠也。巾帼英雄，如天马行空，即论十许年来，以一弱女子自立于社会，手撒万金而不措意，笔扫千人而不自矜，此老人所深佩者也。余事为诗，亦壮心自耗耳。仆卜居未定，颇碌碌，暇当诣谈，复候妆安，增祥拜手。

对于吕碧城来说，钱能使她过上优渥的生活，但是在六百万灾民和十万元巨款间，她选择了六百万灾民。

[2] 邓尉探梅

远离纷繁晦涩的道学修仙,以及没有结果的感情挣扎,吕碧城还是选择了自己最为喜欢的山水。

1917年,冬天的脚步还未走远,春天已经开始迫不及待地向人们招手,吕碧城与女友张默君、陈鸿璧、唐佩兰等人相约共游苏州邓尉山,去此处踏雪寻梅。

邓尉山位于苏州城西南30公里处。据《姑苏志》所载:"邓尉山,在光福里,俗名光福山,在锦峰西南,与玄墓铜坑诸山联属。(按《圣恩庵开山记》作邓尉山庵,在玄墓山之南冈,记作袁墓村。盖旧志以袁为玄,蔚为尉,而名村以山耳。后得《宋进士叶和甫墓志》,与旧志相合。)"又相传东汉太尉邓禹曾隐居于此,因此才得名邓尉山。

邓尉山山麓光福镇涧廊村东南方向有一座司徒庙,相传为邓禹祠。在邓禹祠庭院中种植着6株古柏,其中4株因为苍劲、古朴、奇特,分别名为"清、奇、古、怪"。这座庙中收藏的狮林寺《楞严经》石刻以及天池山麓《宝塔金刚经》石刻都是篆刻精品。

吕碧成的邓尉山之行并不是仓促之间决定的,在做出行程安排之前,吕碧城就已经给苏州镇守使朱琛甫写了信,并请求其安排人护送她们这次踏青活动:

> 琛甫节使袢侍：乙卯夏，邂逅于津浦车中，接席衔杯，饫聆伟论，别后人事倥偬，久阔音尘。比闻坐镇东南，大树威名，挟吴苑春声而遐播，引瞻旌旆，无任钦迟。兹有恳者，鄙人拟于日内偕诸女伴探梅邓尉，同行者约四五人，皆女学界知名之士。惟于该处途径生疏，弱质旅行，尤虞险阻，倘荷饬人护送，勿感何极。凤审明公儒雅，用敢乞庇帡幪。如蒙俯允，春风一舸，当直指香雪海而来也。专此，祗颂勋祺。

吕碧城在这封信中首先回忆了与朱琛甫相识的过程，然后表示听闻了朱琛甫在此地任职的名声，随后才提出了自己与几位好友到此游访，请他派护卫随行的要求。这封信写得情真意切，完全是老友相交的样子，不仅文采斐然，更让人觉得自己受到了尊敬。

因此，朱琛甫在收到这封信后立即做了安排，甚至在吕碧城等人到达他所管辖的地界时，亲自去迎接。到达苏州后，几人先是整理了一番行装，第二天才在护卫的指引下，浩浩荡荡地向邓尉山赶去。

几人刚刚到达邓尉山，一片雪白之景便映入眼帘。每一棵梅树，都像是穿上了雪白衣裙的仙女，在风中静静伫立。风吹过的时候，花瓣随着风在空中飘舞，仿若大自然最美丽的舞者。

看见此景，吕碧城即刻吟咏出一首咏梅诗：

> 玉龙喷雪破苍烟，蹀屧人来雨后天。
> 不惜风霜劳远道，佩环同礼九嶷仙。

所谓物以类聚、人以群分，吕碧城是才华横溢的奇女子，与她同行的几人自然也不是泛泛之辈。

张默君，1883年出生于湖南省湘乡县湘西乡（今龙洞乡）的一个士大夫家庭。中国民主革命家、妇女运动先驱、中华民国教育家、记者。早年张默君曾在金陵阳城学堂附小教书，后来进入上海务本女校。同盟会成立后，张默君成为其成员之一，并与秋瑾、赵声等人多次在江浙一带展开革命活动。武昌起义后，张默君与父亲张伯纯赶赴苏州劝说江苏巡抚程德全起义。程德全顺大势所趋，宣布独立，并委托张默君主办《江苏大汉报》。她以涵秋、大雄的笔名多次写文，鼓吹民治，倡导大同，使得报纸销量猛增。1918年，张默君进入美国哥伦比亚大学专攻教育，后游历欧美各国，考察西方教育与社会。

陈鸿璧原名陈碧珍，1884年生于广东新会。少年时，陈鸿璧就读于上海中西女塾。清光绪三十三年(1907年)，年仅23岁的陈鸿璧任教于上海女子中学和育贤女学校。辛亥革命时期，她担任《神州日报》主编，后来又转至《大汉日报》，担任编辑一职。陈鸿璧教学思想主要从实际出发，依照学生不同的状况来进行特定的教学，并以培养体、德、智兼备的健全的人为宗旨。中华人民共和国成立后，陈鸿璧担任广东中小学校长。直至1953年，因年迈多病，她这才辞去校长职务，在家休养。

唐佩兰，安徽巢县人，后来寓居南京。中国著名画论著作《墨林今话》评价他：善画。

与吕碧城同行的几人虽然都是女性，但是个个都是女界名流，一个记者、一个作家、一个画家，这三人丝毫不弱于其他名流。

看到吕碧城的诗脱口而出，张默君也觉得"技痒"，于是随口便作了《邓尉探梅率赋十章以志鸿爪》与之相和：

卅里穹隆云远封，烟岚乍展碧夫容。
春泉空自脾灵药，惆怅何缘觅赤松。

吕碧城转过头来向她微微一笑，张默君亦回以温婉一笑，一种"知己"的感觉顿时在二人心中涌起。

随后几人开始正式游览邓尉山，他们先是游览了梅花亭，然后又游览了香雪海和邓禹祠等景点。

在邓尉山所有的景点中，最负盛名的恐怕要数香雪海了。每到梅花盛开的时节，邓尉山就仿佛下了一场梅花雪，眼之所见梅花四处飘零，香之所溢也必是梅花，邓尉山梅花之美名声日盛。明代进士姚希孟曾在《梅花杂咏》序中写道："梅花之盛不得不推吴中，而必以光福诸山为最，若言其衍亘五六十里，窈无穷际。"康熙三十五年，江苏巡抚宋荦曾前往邓尉山赏梅，游玩时宋荦兴致大发，并题写"香雪海"三字镌于崖壁，自此邓尉山"香雪海"的名声传于宇内。乾隆南巡时，每次也必到香雪海赏梅。

或许香雪海的美使得吕碧城灵感如泉涌，在这短短的三天里，吕碧城写下了十首精品诗作。

而与吕碧城同行的张默君，亦在途中写下了不少咏叹邓尉山风景的精品诗作。

三天后，吕碧城三人才依依不舍地离开了这个风景秀美的地方。在离开的时候，苏州镇守使朱琛甫又一次设宴与吕碧城等人告别。席间，吕碧城代表这次一同游玩邓尉山的女界名流，为朱琛甫献上《探梅归后谢苏州朱镇守使琛甫》：

管领幽芳到远林，旌旄拥护入花深。
虬枝铁干多凌厉，中有风雷老将心。

在诗词中，吕碧城十分真挚地向朱琛甫致以谢意，并赞扬其为"风雷老将"，这样真诚的态度，让朱琛甫十分感动。

吕碧城等人离开的时候，朱琛甫一路送行，直到她们离开苏州城。

自古以来，中国的文人们似乎都对山水有着独特的情感。唐朝李白"仰天大笑出门去""且放白鹿青崖间"的洒脱自不必说，陶潜"归去来兮""采菊东篱下，悠然见南山"的闲适且不必谈，就连韦应物也感受了

"春潮带雨晚来急,野渡无人舟自横"的惬意。这种对山水的钟爱,宛如一种血脉里的基因,从远古到现在,一直流传在中国文人的身体里。

对于吕碧城来说,也许山水并不只是单单一种流传在血脉里的东西,它更像是吕碧城人生里的一片清净之地。

在经历了喧嚣之后,选择回归平静,本来就是生活的常态,更何况吕碧城本来就是一个喜静的人。早年和父亲在徽州的那一段时光,每天和父亲读诗、写字、赏花,生活宁静却祥和,而且还有父亲和几个姐妹相伴在身边,那个时候的吕碧城也许就是最快乐的。

喜欢安静,远离喧嚣,这是吕碧城回归自然的理由,同时亦为吕碧城钟情于山水的后半生埋下了伏笔。

[3] 山水之间

1916 年，因对袁世凯称帝不满，退出政坛之后的吕碧城与诗友费树蔚以及当地士绅彭子嘉一同游览了包括莫干山、钱塘湖、西子湖在内的浙江山水。

费树蔚出生于江苏吴江同里，是柳亚子的表舅。1915 年 7 月，费树蔚出任北洋政府政事堂肃政史。当知晓袁世凯想要称帝时，他直言劝谏，但却未被采纳，于是隐退南归，回到苏州。

吕碧城这次以莫干山起始的浙江境内山水之行，是远离政局后的又一次放松与宣泄。离开了那个黑暗腐败的政局之后，吕碧城便有了更多的时间沉浸在大自然的美好中。

三人的莫干山之行是在一个阳光明媚的早晨开始的。来到莫干山，一座苍翠的山岭便展现在三人面前。温暖的阳光穿过茂盛的树林落在山间斑驳而幽静的小路上，山上不知名的鸟儿喳喳叫着，一切都显得安静而美好。

几个人慢慢往山上前行，一面感受这山里的清新静谧，一面感叹着远离世俗的喧嚣与浮躁。忽然，拐过两道弯，几件错落有致掩映在树林里的房屋映入吕碧城的眼帘。在这些房屋前，几只鸡悠悠地散着步，在山里的枯叶中扒着虫子啄食，并不时发出咕咕的叫声。在这些房子不远处，是一块水田，田里的稻子呈现美丽的金黄色，快要熟了。与稻田相距不远的，是一个清澈的荷塘，荷塘中种满了莲花，莲子压弯了莲茎，看来今年这些百姓收获颇丰。

看着眼前的美景，吕碧城立即写下了一首《踏莎行》：

野径双弯，清溪一角，凉飔袅袅生苹末。烟波直欲老斯乡，可能容我荷衣着。鸡自栖埘，豨知归栏，村居惟美农家乐。水田百亩荡秋香，今年莲子丰收获。

时间过得很快，转眼就天黑了。吕碧城和费树蔚几人在山上找了家旅馆休息，但吕碧城却怎么也睡不着。旅馆外的夜色黑沉沉的，山涧的风呼呼刮过一片片竹林，响起沙沙的声音。

吕碧城翻身起来，点着灯，写了一首《百字令·登莫干山》：

万峰泼墨，漾红灯一点，径穿幽筱。翠袖单寒临日暮，来御天风浩浩。湍瀑惊雷，赑篁夏玉，仙籁生云表。飞琼前世，旧游疑是曾到。

昨日绮阁香温，宿酲犹殢，谁换炎凉早。争道才华多鬼气，占尽人间幽悄。入灵犀，冻余冰茧，芳绪抽难了。驿程倦影，微茫愁入秋晓。

第二日的行程，是从剑池开始的。

相传春秋战国时，铸剑名匠欧冶子曾在此铸成"龙渊""秦阿""工布"三剑。据《一统志》记载："浙江龙泉县南有水曰'龙渊'。"唐朝为避李渊之讳，遂改名"龙泉"。到宋朝时，又改名"剑池湖"。于是剑池的名字也就这样慢慢定了下来。

有人曾言："莫干之美在剑池，剑池之美在飞瀑。"

剑池飞瀑，共分三叠。第一叠，溪水从阜溪桥飞流而下跌落两三丈，注入潭中。第二叠，注入潭中之后，稍作停留，然后猛然间落下十余米，宛若一道洁白的瀑布在山林间铺展开。第三叠，为瀑布落下之后在剑潭中再次停留，随后又从剑潭中飞流而下，最终隐逸在山林间。

吕碧城几人在剑池游荡了大半天，才依依不舍地离开了这个美丽的地方，奔赴下一景点——芦花荡。

在去往芦花荡的途中，吕碧城看到了一个湖，湖水清澈，岸上竹叶清秀，微风吹过时，竹条随风摇摆，湖面也泛起了一层涟漪，吕碧城见眼前如此美景，写下了一首《浣溪沙》：

风籁鸣哀起翠条，撩人心绪涨秋潮，仙源回望转无聊。

去去莫教重顾影，行行何必更停桡，愁山怨水一身遥。

之后，三人才真正奔赴芦花荡。

芦花荡位于中华山东北。原来此处有一座金钟寺，既然有寺庙，那便少不得要做法事，法事自然免不了锣鼓喧天。因此，此处亦有"锣鼓堂"之名。后来金钟寺被毁，此处荒凉了起来。但是没过多久，这里芦苇丛生，于是人们便将这里称为"芦花荡"。

芦花荡风景优美，茂林修足，流水淙淙，是消暑的好去处。芦花荡的芦花更是这些景色中最出彩的。一到秋天，芦花盛开的时候，整个大地宛若着上了一件雪白的衣裳。秋天的微风轻轻吹过，这件衣裳便仿若伴着舞者的舞步摇曳起来，给人以极好的感官体验。

后来后人曾经对这里进行开发，修建了一个平台作为露天舞池。舞池左侧为芦花荡、芦雪亭、鹤啄泉、生肖园；舞池右侧为陈毅诗碑亭、莫干山碑林。舞池前方树有芦花荡开山老祖莫元的塑像。

三人来到芦花荡之后，立即被这里的美景震惊了。在秋天微风的吹拂下，这里仿佛是天堂盛景，以至于吕碧城半天都说不出话来。

随后，他们又游览了天池禅寺、塔山、天桥等名胜……这一路行来，吕碧城接连写下了《浣溪沙》《山行遇雨》《湖上新秋》等诗词，以抒发这

一路走来的感受。在这些诗词中,《喜迁莺》就是一首经典之作:

层峦幽复,步石磴盘旋,瘦筇斜引。籁响清心,药香疗肺,病起闲身相称。茶花半埋云雾,栽向高寒偏劲。天风外,泛琼苞玉蕊,落千寻顶。

重省,空叹我,尘浣素衣,忍说鸥盟冷。樗拾霜红,萝牵晚上翠,甚日岩栖才稳。几番俊游暂停,依旧归期未准。碧云杳,销篁阴十里,竹鸡啼暝。

在这首词中,莫干山的茂林修足、峰峦叠翠、茶花云雾尽收吕碧城笔下。她用一支生花笔,为读者勾勒出了莫干山的美好与自然。

[4] 苏杭胜景

离别了莫干山，吕碧城等人到达了杭州。除了旅游赏景，吕碧城来杭州还有一个很重要的安排，那就是为秋瑾扫墓。

秋瑾就义后，因为清政府的通缉，人们不敢明目张胆地为秋瑾收尸，只得把她的遗骸暂厝绍兴卧龙山，不久之后又被转至绍兴大校场。直到第二年，待风声稍稍平息，秋瑾生前好友吴芝瑛、徐自华根据秋瑾"埋骨西泠"的遗愿，将她安葬于西子湖畔。也就是这一年，社会各界人士共400余人来到秋瑾墓前举行公祭。但仅仅几个月之后，清政府便下令平坟，秋瑾之墓不得不再次辗转迁移。其后几年，随着时局变化，秋瑾之墓又辗转多地，直到1913年秋瑾罹难六周年纪念日时，秋瑾的遗骸才再次被安葬于西湖西泠桥畔。

斯人已逝，芳魂犹存。

从秋瑾死去至今，恍然已经近十年了。

杭州的秋天略显萧瑟，西湖的微风从湖面上吹起，略过湖边树上的萧萧黄叶时，不免给人一种凄冷的感觉。吕碧城三人就是在这样的天气来到秋瑾墓前的。

经过一番细心的祭奠，吕碧城双手抚过秋瑾冰冷的墓碑，十年前的她与秋瑾彻夜长谈的情景仿佛历历在目。那个笑容开朗、大气豪爽的秋瑾仿佛穿过阴阳之界，掠过时间的长河站在了吕碧城面前。

"秋瑾。"吕碧城低低呼唤了一声她的名字，不由潸然泪下，然后在悲痛中写下了那首《西泠过秋女侠祠次寒云韵》。

人生这场旅途，终究是要结束的；人生这场大戏，也终究是要落下帷幕的。可是有的人却是在路上走着走着就散了，有些人在舞台上演着演着也就突然退场了，让人猝不及防。那些剩下的人，本以为那些早已离场的人会一直陪伴他们走下去，演下去，一直到路途尽头，一直到剧本终场，但是现在，只剩下他们自己了。

人生难得一知己，对于吕碧城来说，秋瑾就是她人生的不二知己，相同的爱好，相同的志趣，她和秋瑾的故事本不应该是这样，只是世事无常，当秋瑾选择去往日本，走上革命之路，而吕碧城选择在国内创办北洋女子公学，写文章在国内与之相和的时候，她们的命运便已经有了不同的轨迹。

如果不是那场偶然的泄密事件，也许吕碧城和秋瑾会像闺密一样，一直相伴到老。一起看书、写作、交流，但是现在，这一切都不可能了。

人生，有时竟会让人如此无奈。

拜访过秋瑾之墓，吕碧城三人带着低落的心情去往了下一个地点——西溪。

西溪位于浙江省杭州西部，距离西子湖不过5公里。因为生态资源丰富、风景优美、水草丰茂，亦被誉为"杭州之肺"。此外西溪还曾与西湖、西泠并称杭州"三西"。

相传1000多年前，宋高宗赵构逃至杭州时，曾惊诧于西溪"一曲溪流一曲烟"的美景，曾想将国都定在此处；只是后来宋高宗找到了凤凰山，将国都定在了那里。当大臣们问西溪如何处置时，宋高宗不由非常不舍地说了一句："西溪且留下。"因为这段典故，西溪后来改名为"留下"。

至清代，康熙和乾隆亦曾游历西溪，并且在此留下御诗数篇。至于游历至此的文人墨客，更是数不胜数。古有苏轼、秦观、唐寅、张岱等人，近现代则有康有为、郁达夫、徐志摩、于右任等人,他们都曾为西溪留下精美的诗篇。

据《西湖志》所载:"西溪,在西湖北山之阴,由宝石山背陆行,绕秦亭山,沿山十八里,为宋时辇路,抵留下……水道由松木场进古荡,溪流浅狭,不容巨舟。自古荡以后,并称西溪。曲水弯环、群山四绕,名园古刹,前后踵接,又多芦汀沙淑。"

西溪之美首要在于水美,西溪约百分之七十的面积为河港、池塘、湖泊等水域,河网密布,鱼塘栉比,星罗棋布。

西溪之美其次美在庵堂,据说在西溪庵堂文化鼎盛时期,此处有上百间庵堂。秋雪庵、泊庵、西溪草堂……光是看这些典雅的名字,一股人文气息便迎面而来。

西溪之美第三美在于梅花。《西湖志》称:"早春花时,舟从梅树下人,弥漫如雪,更有湘英、绿萼,花种不一,以永兴寺前二株为最。"那个时候,西溪探梅还与西子湖玉带晴虹、云栖梵径等美景并成为"西湖十八景",并享誉一时。

在路上时,吕碧城心情尚且还是低落的,可是到了西溪之后,她脸上的阴郁与悲伤便被眼前的美景慢慢化解开了。

眼前的景色的确是大大出乎吕碧城的意料,她迈着不急不缓的步子,沿着淙淙的溪流在西溪慢慢散着步,眼前古香古色的庵堂、清澈见底的河水以及翠绿美丽的树木都给了吕碧城极大的视觉享受。

在西溪玩赏了许久,吕碧城心中的阴霾终于一扫而空。

假如秋瑾还在的话,想必会为吕碧城的振作而高兴,像她那样大气豪放的女子,定然是不想让自己这个知己好友为她而黯然神伤的。

离开西溪之后,来到此次浙江之行的最后一站——盐官镇。

盐官是浙江省嘉兴市海宁市辖镇,同时亦是一座千年古城。盐官之名源于西汉,彼时吴王刘濞煮海为盐,并在此设立司盐之官,由此地以官名,得名盐官。盐官也是江南良渚文化重要的发源地之一。

盐官自古就是旅游繁盛之地，其旅游景点主要包括两个方面：一是人文景观，主要包括捍海长城、镇海古塔等，这其中又囊括了无数文人学者写下的诗词歌赋，以及当地的民间传说、风俗文化；第二是自然景观，而自然景观中最为知名的，自然是钱塘江大潮了。

钱塘江大潮与印度恒河潮、巴西亚马孙潮并称世界三大涌潮。其形成的主要因素是天体引力与地球自转的离心作用，加上杭州湾喇叭口的特殊地形。同时，沿海一带的东南风，也助长了潮势。钱塘江大潮，又包括交叉潮、一线潮、回头潮、冲天潮、半夜潮、丁字潮、怪潮、鬼王潮等类型，每一种潮都有自己的特点。

观赏钱塘江大潮在何时形成风俗已经不得而知，但是在唐宋时此风已然大盛。南宋朝廷更是曾经规定在每年农历八月十八日便在钱塘江上校阅水师，后来因此相沿成习，逐渐演变为观潮节。

独一无二的自然景观使得钱塘江大潮更具观赏性的人文性。从古到今，每年来这里的文人骚客数不胜数，其中很多人留下了精彩的诗篇。北宋诗人潘阆在《酒泉子》中写道："长忆观潮，满郭人争江上望。来疑沧海尽成空，万面鼓声中。弄潮儿向涛头立，手把红旗旗不湿。别来几向梦中看，梦觉尚心寒。"

这阕词，用几乎写实的手法，描绘了观潮时热闹的景象：游人成群，人声鼎沸。

吕碧城等人还未靠近钱塘江，便已然听到了远处传来的风雷激荡之声，白色的浪潮拍打在岸上，发出阵阵震天的声响。等到吕碧城几人走近，壮观的钱塘江大潮才真正映入他们的眼帘。只见远处平静的江面上忽然涌起一道白色的线，那道白线向着岸边涌来，随着距离越来越近，那条白色的线也越来越雄壮。一开始只是一道毫不起眼的波浪，可随着浪潮离江岸越来越近，它的高度慢慢增长起来，从半米到一米，从一米到两米，最后竟然高达三四米，如同一堵难以撼动的白色高墙。

大潮像是千万匹骏马迎风驰骋，昂起骄傲的头颅在嘶鸣；大潮像是热血阳刚的军中锐士,身披白色战甲,面对着敌人发出震天的怒吼;大潮更像是一条白龙,一个翻身,便惊涛骇浪……

吕碧城见到眼前此景,顿时被眼前的雄伟景象所震惊,一首《中秋后钱塘观潮遇雨》脱口而出:

浊浪喧豗撼地来,英雄遗恨托风雷。
长空万马奔腾后,奇阵还成一线排。

就在吕碧城将这首诗吟出时,她眼角的余光忽然看到几个穿着长裙的少女,在潮退之后沿着水岸拾贝。那几个少女站在那里,宛如曹子建笔下的洛神,身姿窈窕,亭亭玉立。接下来又一首诗从她口中吟出:

才辞月姊谒冯夷,小队裙裾逐水湄。
楚尾吴头劳远道,却教神雨送将归。

吕碧城站在钱塘江岸边,微风带着湿意浸润了她的长发,扑湿了她的面庞,但是她却没有感到一点冷意,她仍然被眼前的钱塘江大潮所震撼着。

返回后的吕碧城回想起钱塘江大潮的大气磅礴,觉得心中依旧久久不能平静,于是便提笔写下了一阕《临江仙·钱塘观潮》

横流滚滚吞吴越,风波谁定喧豗。畸人重见更无期,锦袍铁弩,千古想英姿。
九辨难招怜屈贾,幽魂空滞江湄。子胥终是不羁才,风雷激荡,天际自徘徊。

有人说:"身体或者灵魂,总有一个要在路上。"对于吕碧城来说,这一次浙江之行,她最大的收获应该是远离了政局的喧嚣,真正开始将自己融入大自然中,去领会天地之间的美景与奥妙。

吕碧城:
我到人间只此回

[5] 道家因缘

1916年秋天。

上海，民国路。

明媚的阳光，将这条充满着复古气息的街道洒上了金黄，街上的商贩吆喝着、叫卖着。行人或穿着西装，或穿着长袍行色匆匆。就在这些行人中，一对女子引起了大家的注意，其中一个穿着华丽的孔雀翎长裙，站在人群中格外出挑，她身边的那个女子则带着微笑，看来十分温婉。

那个骄傲的女子，自然是吕碧城了。而她身边的那个姑娘，则是她的好友朱剑霞。

朱剑霞早先家境贫寒，后来曾经在富人家当佣人，也就是在这个过程中她得以读到富人家的书。1911年武昌起义爆发，朱剑霞前往上海投身革命，并组织了女子壮伐队，负责后方运输和前线救政等工作。当时她曾作诗道："二百余年仇恨深，普天同愤国沉沦，若论女子从军者，我是千秋第一人。"朱剑霞对女子学校亦十分感兴趣，曾经参与过安徽省城安庆女子师范学堂的工作。

吕碧城和朱剑霞此行的目的，是拜访一个人——陈撄宁。

陈撄宁生于清光绪六年（1880年），原籍安徽怀宁，后来世居安庆苏家巷。陈撄宁幼时身体孱弱，但是勤奋好学，熟读经史子集，同时又涉猎诸子百家。因为患有痨疾，他从小便跟随叔祖学医，同时看到道教经典上有法门竟然能治病，于是便抱着试一试的心态进行了尝试，没想到还真取得了实际效果，痨疾竟然逐步痊愈。

1905年，陈撄宁考中安徽高等法政学堂，但没想到仅仅在这里学习两年之后，痨疾复发，他因此不得不辍学。辍学之后的陈撄宁为了学习养生之法，开始了离家拜师求医之路。

从28岁起，陈撄宁先后前往九华山拜访了月霞法师、宁波谛闲法师、天童山八指头陀、常州冶开和尚等名噪一时的佛道大师。但是不久之后，随着对佛法研究日深，他感到佛法主要修心而忽于行，难以达到修身治病的功效。于是他又转而求向道教，前往道教名山胜地拜访，包括苏州穹窿山、句容茅山、均州武当山、青岛崂山、怀远涂山等道教名胜古迹。

但是这几年的辛苦造访，并没有得到任何实质性的结果，于是陈撄宁决定阅读道家经典道藏。

1912年至1914年，陈撄宁应邀住在姐夫乔种珊家，在这段时间里，陈撄宁每天都前往上海白云观通读该道观所藏的5000余卷《道藏》。为了与佛道做出比较，陈撄宁又前往杭州海潮寺华严大学专研佛经。最终，陈撄宁从道教典籍中学到了独特的养生之法，由此名声大盛。

中国自古以来便看重同乡情结。吕碧城和陈撄宁同出徽州，因此，对于吕碧城和朱剑霞的来访，陈撄宁自是万分高兴的。

此时的吕碧城已经33岁了，这个年纪已经让还未嫁人的吕碧城多少有些迷茫了。虽然她早已家财万贯，可是却改变不了她孤独而茫然的心，找到一个信仰，或许是摆脱目前处境的一个方法。

当吕碧城向陈撄宁询问道家学说时，陈撄宁非常热心地解答。虽然道教知识十分繁杂、晦涩，但是陈撄宁的道家修为深厚，而且他解答起来深入浅出，吕碧城亦聪颖伶俐，因此，每当陈撄宁为吕碧城解答的时候，她总是能很快理解陈撄宁所说的意思，并且举一反三。

随后，吕碧城向陈撄宁询问有哪些书可以研究道教学，陈撄宁向吕碧城推荐了孙不二的《女丹十则》和北宋才女曹文逸的《灵源大道歌》，探讨了修道的具体方法。

在吕碧城将要离开的时候，陈撄宁还热情地向吕碧城表示，如果有什么不懂的地方可以时常来这里探讨。

仙道，对于吕碧城来说是一个全新的世界。和陈撄宁探讨一番后，吕碧城对道教学说产生了强烈的兴趣。当她回到家中之后，按捺不住心中的激动，立即写下了一首《访撄宁道人叩以玄理多与辩难归后却寄》来赠予陈撄宁：

妙谛初聆苦未祥，异同坚白费评量。
辩才自悔聪明误，乞向红闺恕狷狂。
一著尘根百事哀，虚明有境任归来。
万红旖旎春如海，自绝轻裾首不回。

接到了吕碧城所写之诗的陈撄宁亦写了一首《答诗次原韵》来回赠她：

蒙庄玄理两端详，班史才华入斗量。
莫怪词锋惊俗耳，仙家风度本清狂。
翠羽明珠往事矣，化身应自蕊宫来。
天花散后空成色，云在青霄鹤未回。

在这诗词相互赠送间，吕碧城和陈撄宁迅速相熟了起来。随后的那段日子，吕碧城常常向陈撄宁讨教各种问题。陈撄宁甚至将《孙不二女丹诗》陆续做了注释，并送给吕碧城。他还在信中说：

《孙不二女丹诗》原诗十四首，辞句雅驯，意义浑涵，乃丹诀中之上乘，故全录于篇端，以便学习诵习。原诗虽标题为女功内丹，然就男女丹诀全部而论，其异者十之一二，同者十之八九，故男子修仙者，亦可于此诗得多少参悟。诗中杂用仙家专门术语，博学之士尚不易窥其玄奥，普通妇女勿论矣。注中多引古语者，皆当日信手拈来，适合妙谛，自作为优，且免杜撰之嫌。作诗者意在发挥自己之性情，本不求他人之了解，作注者志欲流传高深之学术，亦不欲博庸俗之欢迎，故普度之说，非本篇范围内事。仙家上乘功夫，简易圆融，本无先后次第，此诗所谓次第者，就效验深浅言之耳。故须前后统观，方能得其纲要，幸勿枝枝节节而议之。

女子修仙，除天元服食，窒碍难行，人元双修，誓不笔录而外，古今仅此一门，堪称大道。古人学道，有从师二十余年，或十余年者，今人志气浮薄，作事无恒，所以难于成就。儒释道三教，自汉以来，彼此互相诽议，优劣迄无定评。君主政体改革而后，儒教早已同归于尽，道教又不成其为数，只余佛教硕果之仅存。其中信徒虽多，而真实用功者鲜。总之，不问是何教派，须以刻期见效为凭据，以今生成就为旨归，另无他术矣。

我非女身，何故研究女丹诀？盖深恐数千年以来相传之道术，由此中绝，若再秘而不宣，此后将无人能晓，虽有智慧，从何入门？故不以现代人生环境为满足，不以宗教迷信为皈依，誓破生老病死之定律，是区区之苦心也。

陈撄宁并非女身，却为了吕碧城这样一个仅仅数面之缘的拜访者认真注释晦涩的《孙不二女丹诗》，自然让吕碧城十分感动，她和陈撄宁的关系也自然慢慢从普通朋友上升到了亲密朋友的高度。吕碧城常常去民国路拜访在那里开诊所的陈撄宁，有时候吕碧城会将自己作的诗给他欣赏；有时候两个人，一杯香茗，对立而坐在雅座里谈起彼此的身世；有时候他们则会在一起谈起各自求学的历程。当然更多的时候，他们还是在一起彼此印证道家学说的知识。

如果说人生是一条漫长的道路，那么从出生开始，我们就已经走在路上，只不过我们不知道自己会遇见什么人，他们会与自己走多久，是不是会这样一直陪着自己走下去。很幸运的是，吕碧城遇见了陈撄宁，这个从徽州走出来的奇女子，在遭遇了人生的起起落落、正经历着人生中迷茫与孤单的时刻，遇到了陈撄宁这样一个分解烦忧，同时亦能为她提供一个新的信仰的奇男子。

每日与相熟的人在一起，日久生情的概率，在生活中有时候要远远大于小说家笔下的故事，至少，在吕碧城和陈撄宁之间，它的的确确发生了。

有传闻说，陈撄宁曾经给吕碧城表达过自己的心迹，这样的传闻也并非空穴来风。一个是道家奇才子，一个是文坛奇才女，每日在一起探讨、印证学问，又怎么会不相互心生钦慕？

但是心生钦慕，却并不一定会走到最后。对于道家，吕碧城最开始自然是怀着兴趣来学习的，但是随着学习的深入，她却发现自己始终难以参透道教玄机，而道家修炼过程中的四大境界——炼精化气、炼气化神、炼神还虚、炼虚合道，亦让她觉得纷繁复杂。

另一个很重要的原因，是陈撄宁此时已经有了妻室。他的妻子吴彝珠是一位救死扶伤的西医师，并且深爱着陈撄宁。吕碧城自然不愿去做拆散别人的第三者。因此，她最终选择了远离。

很多年以后，陈撄宁十分遗憾地说："当日吕女士对于道学，实无所得。若果有得者，后来必不至改而学佛。"

而吕碧城亦曾写下一阕《汨罗怨》，来倾诉自己的感情：

翠拱屏峰，红逦宫墙，犹见旧时天府。伤心麦秀，过眼沧桑，消得客车延伫。认斜阳，门巷乌衣，匆匆几番来去？输与寒鸦，占取垂杨终古。

闲话南朝往事，谁钟清游，采香残步，汉宫传蜡，秦镜荧星，一例繁华无据？但江城零乱歌弦，哀人黄陵风雨。还怕说，花落新亭，鹧鸪啼古。

第五章
湖光秋月两相和

相濡以沫，不如相忘于江湖。有时候我们也许得到了一个不算很好的结果，但是过程是幸福的，那便够了。

第六章 落花时节又逢君

[1] 往事回潮

1917年的春天，北京香山是如此美丽。

树木早已褪去了冬天的冰雪盛装，换上了一袭翠绿的衣裳；山上小草也不再是冬天沉睡的模样，纷纷从土里冒出头来，给在冬天还是光秃秃的大地，铺上了一层绿色的地毯；漫山遍野的花朵也开了，争奇斗艳，树上的鸟儿喳喳叫着，为这明媚的春光欢呼……

在这样美好的日子，吕碧城来到香山拜访一对多年的老友——英敛之与淑仲夫妇。

1911年以后，英敛之便辞去了《大公报》总经理一职，并将自己的股份抽离了出来。之后，英敛之夫妇眼见香山一带的贫苦儿童众多，于是便向熊希龄申请了一笔公款，另加上社会贤达的资助，在此创办了辅仁社和香山慈幼院，使得这些贫苦儿童有学可上。

虽说十年前吕碧城与英敛之有过一段非常不愉快的经历，但是这世上没有永远的敌人，更何况吕碧城与英敛之的关系还不至于到仇敌的境地。况且，吕碧城永远都不会忘记自己刚到天津时，如果不是英敛之在自己人生的低谷帮了自己一把，自己也绝不会走到今天。

其实在英敛之夫妇从《大公报》抽身之后，吕碧城和英敛之夫妇就已经开始有信件来往了。吕碧城接受袁克文相邀去国民政府任职之后，还曾经多次到香山看望英敛之夫妇。

英敛之与淑仲居住在香山静宜园。静宜园是典型的中国古典建筑，小桥流水，回廊荷塘，外加上假山与静宜园中遍植的花木，在战火纷飞、军阀纷争的民国，这里大概算是一个不可多得的安静的地方了。

此时的吕碧城，已经34岁了，英敛之看着眼前这个日益成熟的奇才女，只得默然感叹了一声"逝者如斯夫"。时光如刀，刀刀催人老。从与吕碧城相识到现在，恍然之间，十余年时光竟已白驹过隙。

吕碧城面前的英敛之，两鬓早已被时光的霜雪浸染，他身边的淑仲虽然还是那副温婉的模样，但是眼角眉梢却已有了岁月的痕迹。吕碧城的再次到访自然让英敛之与淑仲十分高兴，为此他们夫妻二人特地设宴为吕碧城接风。

欢宴之间，几人便情不自禁地谈起了过往。英敛之动情地回忆了他初见吕碧城寄到《大公报》馆那封信时的情景，以及自己被吕碧城优美的字迹所震惊的感觉，而吕碧城亦回忆了自己刚刚见到英敛之时的高兴，以及知晓英敛之聘请自己当《大公报》助理编辑时的激动。而淑仲则在一边含笑望着丈夫，一边在二人的交谈中笑谈着那时吕碧城的文采如何斐然。

欢宴过后，英敛之与淑仲邀请吕碧城一起去看望香山慈幼院的那些孩子，吕碧城欣然应允。还没到香山慈幼院门口，吕碧城就已听到了那里传来的欢笑。孩子们在香山的树下嬉戏着，夕阳照在他们身上，这一切似乎分外美好。

只是吕碧城回首过往时，一种黯然的心情突然间涌上心头。回首往事，孤身前往天津求学，遇到英敛之相助，声名鹊起于《大公报》，与英敛之决裂……这一幕幕都在吕碧城的眼前一一浮现，她不由轻轻一叹。人到了一定年纪，大概都会去回首过往、感叹时光吧。不论美好的，或是不好的，在这漫长的时光里，总是会留下些许遗憾。

从北京香山回到上海之后，吕碧城写下了一阕《齐天乐》以及自己在

香山的摄影作品赠给英敛之夫妇,来回报他们的热情招待:

半空风簌秋声碎,凄凉暗传砧杵。翠竹惊寒,琼莲坠粉,秋也如春难驻。商隐几许?渐爽入西楼,惹人愁苦。霜冷吴天,断鸿吹影过庭户。

年华荏苒又晚,和哀蝉病蝶,揉尽芳绪。往事回潮,残灯吊梦,几度兜衾听雨。伶俜倦旅。只日暮江皋,寒芙延伫,尘宛征衫,旧痕凝碧唾。

吕碧城的这首词,早已不再是当年的那副生机勃勃的气象了,反而充满萧瑟、凄凉之感。在这首词中,尽是"凄凉""愁苦""旧痕"这样的字眼。

或许,吕碧城早已经累了吧,年少时便最疼爱她的父亲早已离她而去,登入政坛之后却发现政治黑暗,自己完全改变不了什么,人至中年,其他这个年纪的女子早已经膝下儿女满堂,但是她自己却还是茕茕独立,一个人面对岁月的雨雪风霜。

人一旦累了,对生活难免厌倦,这万丈红尘对于吕碧城来说,似乎也没有了那样的吸引力,远遁红尘自然也隐隐成了吕碧城心中的另一个选择⋯⋯

英敛之接到吕碧城送给他的这阕词之后,先是一怔,但随后便是无尽的担忧了,作为吕碧城的相知老友,他立即给吕碧城回了信,来劝导、开解她:

夫修道有所谓大死一番之名词,不有大死不能更生。不生决心不能直往今台端正值,所谓圣凡人鬼,祸福关头矣!夫一歧向九天安乐万端,一歧入九幽忧危百恩其几虽微,去取在我,故一念清净烈焰成池一念,欹觉航登彼岸亦惟在大发勇猛,苦海回头,悬崖撒手而已。且天下本无事也,既作茧以自缚,蛾投火而取焚,是独不可以已乎!

古人如登如崩之喻最为痛切,凡夫乐于放纵自恣者,无不以造物主为虚诞、以神魂不灭为狂妄,然抱此等观念者,其效果或近而显、或远而晦,皆无美善可言者也。

仆缘今读,复书证以去岁大驾来山时之语气似已不同,觉贤妹近来于教道似有所讳避,恐不免亦沿世人之常见矣!故不避冗沓旁溢及此,虽词句鄙俚,次序紊乱,然自信实为有物之言,非敢其喋喋妄渎清听,倘有不以为然处。如不遐弃,请便中一一示下。仆山中多暇,尽可供其所知,上赞高明,须知此乃身心性命所关。在上各事,无有比此更为值得者矣!

作为吕碧城的知己、好友,英敛之回给吕碧城的信,无疑是最真挚的。同样地,作为吕碧城的好友,他也是最清楚吕碧城的性格的。以吕碧城独立自主的性格,他知道自己也许改变不了什么,但是他却还是去努力劝导着吕碧城。

[2] 游庐琐记

从北京香山归来之后，吕碧城在上海待了一段时间。但是上海的生活又让她觉得无聊。在这年夏天，她选择了前往庐山开始另一场旅行。

7月14日，吕碧城踏上了行程，从上海出发，乘船前往庐山。或许是最近一段时间太累了吧，一上船，吕碧城来不及欣赏着滔滔江水，便扛不住沉沉睡意，进入了梦乡。轮船在江面上不急不缓地行驶着，江上的波涛轻轻拍打着轮船，仿佛这天地也安静下来。

第二天中午，天气忽然热了起来，吕碧城吃过饭，在与她一同乘船的旅人浅浅谈过一番之后，便回卧室休息。等她醒来时，日头快要落下了。

江上的夕阳自然是极美的。昏黄的阳光洒落在江面上，随着不断起伏的波涛，泛起一层波光粼粼的涟漪。吕碧城看着这江面上的波涛与远处的火烧云，沉默着。

第三天，轮船经过小姑山。吕碧城忽然想起很小的时候自己曾经过这里，没想到再次经过这里的时候，二十余年的时光竟然就这样匆匆流去。小孤山形似古代妇女的发髻，亦如一支生花笔。山上树木葱郁，山下江涛拍岸。吕碧城的思绪也渐渐沉溺其中。

后来吕碧城回忆这一段旅途的时候曾描写小孤山的具体情形：

越日，舟过小姑山，髯（音"髯"，客家话）鬟鬟黛，秀挺依然。忆予髫龄时，曾经此处，倏逾十载，有如《楞严经》阿育王所云：每过恒河，辄形异昔者非耶。

直到第四天下午 3 点左右，吕碧城这才抵达九江，居住在九江公所。第二天 4 点钟，吕碧城便起床了。她雇了一座轿子，向牯岭进发。夜幕沉沉，星河暗淡，沿途峻岭平畴，参错竞秀，吕碧城走了五个多小时，自己原先预订的旅馆终于浮现在她的眼前。

眼前的旅馆隐于山坳翠蔼间，吕碧城以为很快便要到了，但是在山中行路永远是看着很近，但是山路蜿蜒，却往往需要很久才能抵达。峰回路转，蜿蜒盘旋，吕碧城眼中的那座旅馆在群山之中亦时隐时现。这样又走了半个小时，吕碧城才终于抵达自己预订的旅馆。

吕碧城所订的旅馆处在一个街市上，这街市不仅有邮电、警局以及各种小店，而且还设置了球场、花圃。从旅馆向外看去山色横空，清溪不断，景色秀美。

吕碧城所订的那间房子"窗对层峦，凉翠扑人眉宇，乃就榻偃息，足不出户。昼闻鸣瀑潺湲，间以隔户之啁啾欧语；夜则怪鸟哀虫互相唱和"。旅馆的侍者告诉吕碧城，这里十分安静，晚上可以开窗就寝，山风十分凉爽。然而吕碧城对于自然早已心怀敬畏，又想起山魈的传说，于是让侍者关上了百叶窗。

山魈出自《山海经·海内经卷》："南方有赣巨人，人面长臂，黑身有毛，反踵，见人笑亦笑，唇蔽其面，因即逃也。"葛洪的《抱朴子·登涉》更提到："山精形如小儿，独足向后，夜喜犯人，名曰魈。"对于未知的事物，人总会心怀敬畏，更何况是"夜喜犯人"。吕碧城虽然是民国的精英女性，但是不论如何，她始终是一个女子。但凡女子，见到老鼠、蛇这类东西都会害怕，更何况她还是一个独身来庐山旅行的女子。

如果此时有一个能够让她安心的男子陪在她身旁，她大抵不会如此害怕吧，可这半生兜兜转转，她却一直没遇到那个可以让自己倾心的人。

第二天，吕碧城才开始了真正的庐山之旅。

吕碧城的旅程是从一个清晨开始的。吕碧城出了门，旅行过程中但见"门外群山环拱如屏障，相距似仅二丈许，山麓为浅溪，天然如城濠，溪中怪石堆叠，绵亘数里，清泉湍激，随与俱远。山腰石齿嶙嶙，破黛痕而呈褐色。凹处鸣瀑玲琮，泻于丛篁翠筱间。水禽娇小，悠然飞鸣，有仙意。更行里许，则乱峰苍莽，寂无人踪。纵目四瞩，唯岚影与远天相映，身孤心怯，不欲再进"。吕碧城走累了，便默默站了一会儿，继续欣赏山里的景色。不多时，她看见一个砍柴的人担着一担柴火从这里经过，于是便向他询问归途。山中人质朴，亦欣然答应做他的向导。在路上砍柴人告诉她，以前这里经常发生虎患，后经西人雇猎者搜捕，现在已经绝迹。吕碧城看到这里怪石嶙峋，砍柴人告诉她，这些怪石是秦始皇开凿骊山时搬到这里的。虽然砍柴人给她说的有点像神话，但是吕碧城还是听得津津有味。赶了很长时间的路之后，路途渐渐平坦了起来，不多时，吕碧城便拜谢了砍柴人，回到了旅馆。

在庐山的日子，吕碧城格外悠闲，读书、作画、写字、品茶……生活在这里渐渐慢了下来。在一个万籁俱静的夜晚，看着窗外星辰寥落，听着窗外山风轻吟，吕碧城写下了一阕《沁园春·游匡庐》：

如此仙源，只在人间，幽居自深。听苍松万壑，无风成籁，岚烟四锁，不雨常阴，曲栏流虹，危楼笋玉，时见惊鸿倩影凭。良宵静，更微闻风吹，飞度泠泠。

浮生能几登临，且收拾烟萝入苦吟。任幽踪来往，谁宾谁主，闲云缥缈，无古无今。黄鹤难招，软红犹恋，回首人天总不禁。空惆怅，证前因何许，欲叩山灵。

吕碧城妙笔生花，庐山之"雄、奇、险、秀"在她的辞章珠玉之中一一浮现出来，宛若一幅秀丽的风景画。

不久之后，吕碧城又写下了一首《登庐山作》：

绝巘成孤往，鸢靴破藓痕。
放观尽苍翠，洗耳有潺湲。
秋老风雷厉，山空木石尊。
烦忧渺何许，到此欲忘言。

在庐山的日子虽然缓慢，但绝不是无趣的。一件比较有意思的小事不经意间便被吕碧城记下：

一日，邻室西童数人，架叠桌椅，欲跨壁而入。予止之曰：勿尔，否则余将告尔母。一童答曰：吾无畏，盖汝不识我母为谁，我母乃密昔斯台乐耳也。予为失笑，乃按铃呼侍者，告以故。侍者往该室，吁长声叱之，如驱逐鸡犬。一阵履声踧踖已，群向林中奔去矣。

山中多雨，每到下雨的时候，庐山便云雾蒸腾。而吕碧城亦喜欢在下雨的时候去深深呼吸山中清新的空气。

一个雨过天晴的日子，天空蔚蓝而明亮，天边的云朵悠闲地飘着，吕碧城也趁着这样美好的天气外出散步。

山中的景色十分美丽。"山花作蓝色，娇艳可玩，散于山隈，寻而撷之，渐忘路之远近，偶一回顾，则千峰夕照又易原境矣。欲行迷路，欲伫立以俟行人，既足音杳然，而日堕崦嵫，佽佽何往，悔惧交并。"

就在吕碧城徘徊的时候，一个人忽然出现在眼前，他穿着一件白色的西装，身形高大挺拔。他望见吕碧城，走过来用英语问她是否迷路了，说自己愿意为她引路。

吕碧城微微点头，然后询问他的名字，那个人叫威尔思。虽然他说的是英语，但是吕碧城却还是认出了他的身份——一个德国人。威尔思将吕碧城送到旅馆外才同她道别。

没过几天，吕碧城再次出游的时候，又遇见了威尔思，正当吕碧城想要问他为什么在这里的时候，威尔思告诉她，自己是来拜访她的，于是两人便一同出行。

他们在溪边散漫地行走，并不时交谈着，走着走着，看到了一个山间小亭，于是二人便停下歇息。时间过得很快，太阳快要下山了。威尔思让吕碧城看太阳是怎样落下的，吕碧城应言视之。

当时，第一次世界大战已经开始。威尔思说自己十分担心德国的命运，他感觉德国就像这轮将要坠落的太阳。

吕碧城回答："这就像是给将死之人换一张寝席，有什么好看的呢？自古以来，不知有多少人看过这落日，但是也都去而不返了。"

威尔思察觉到吕碧城话中的深意，一时间十分尴尬。

吕碧城向威尔思提出告辞，威尔思依旧将她送回旅馆。

在庐山游玩了差不多半个月的时候，威尔思再次邀吕碧城同游，但是这一次，吕碧城却拒绝了，并且之后也再未与他同游。

除了威尔思，吕碧城在庐山还遇到了另外两个外国朋友，那就是俄国茶商高力考甫与旅馆司账爱格德夫人。吕碧城与高力考甫一同游览了鹿岭。鹿岭风景奇崛，不仅有怪石嶙峋，更有流水淙淙，吕碧城用动人的笔触记叙了与高力考甫的这次游览：

次日，偕同寓俄国茶商高力考甫游鹿岭。其地风景幽绝，石壁崚嶒，叠为平坂。飞瀑缘之，曲折而下，凹处积潴成池，清澄澈底。乱石槎枒，间则激为雪浪，泻入松荫作琴筑声。山巅陡峻如蠢笋，有数人攀陟而上，以远光镜遥瞩予等，并呼长声呼高力考甫，彼亦吁声答之，且告予曰："若辈皆俄国教士也。"俄而，踞山巅者发为长啸，高力考甫亦歌以答之。相距虽远,声浪为空气所传,亦颇清朗,是足见西人之善于行乐矣。予等旋取径返寓。晚餐后,予与旅馆司账爱格德夫人闲话,高力考甫来索纸笔,就案头作书,爱格德故以肘触之,阻挠为戏,且语予曰:"彼乃作情书也。"予不觉失声而笑。爱格德曰:"汝笑何为?讵以彼年老不应作情书耶?"予顿悔冒昧,乃亟辩曰:"否,予乃笑汝之善于雅谑耳。"

吕碧城的生活似乎永远充满着情趣,而她文采亦卓然不凡,寥寥数语,几个外国朋友的音容笑貌,经过她的笔锋婉转,便跃然纸上。

几天之后,吕碧城游玩了庐山之行的最后一个景点——三叠泉。

三叠泉虽然处在庐山,但是直到宋绍熙二年(1191年)才被樵者发现,因此有"一朝何事失扃钥,樵者得之人共传"的诗句。三叠泉随季节变化、水量不同有着不同的特征,但是大体离不开"飘如雪、断如雾、缀如流、挂如帘"这几个特点。宋代诗人白玉蟾的《三叠泉》诗云:"九层峭壁划青空,三叠鸣泉飞暮雨""寒入山谷吼千雪,派出银河轰万古"。

天边刚刚露出鱼肚白的时候,吕碧城便雇了轿子,备好了食品上路了。山中多雾,因此轿夫们走得并不算太快。到了中午,吕碧城等人看见一个小庙,几个人便在此歇息。轿夫们在这里做饭,而吕碧城为了躲避山中的寒气,便到佛堂小憩。只过了一会儿,吕碧城便沉沉入睡,也就是在此时,她做了一个梦:

一西人面白皙,微有短髯,因兵败国破愤而自戕,由巨石跃下,头颅直抵于地,有声砰然,即委身不动,盖已晕矣。须臾,勉自起立,予视其颅凹陷,盖骨已内碎而皮肤未破。予知其已无生理,钦其为殉国烈士也,乘其一息尚存之际,遂前与握手为礼。其人精神力焕,且久立不仆。予讶之,因问曰:"汝将何如者?"意盖谓生乎,死乎。其人答曰:"我为汝忍死须臾。"言甫竟,血从颅顶泛出,鲜如渥丹。予大骇,立时惊醒,则一梦耳。

一个弱女子，竟会做一个战士因兵败而自戕的梦，吕碧城前去相问的时候，他却回答自己为她而存活了一会儿。这个梦虽然残酷冰冷，但是更多的，却是对战争的反思。

游过三叠泉，吕碧城返回了旅馆，收拾行装之后，第二天便离开了庐山，开始了返回上海的行程。

[3] 青灯古佛

佛道之争，一直是中国文化思想史上的一个重要议题。佛教起源于古印度，而道教则是在中国本土文化之上发展起来的。佛曰："不可说。"道曰："道可道，非常道。"不论两者给予这世界的回答究竟是什么，它们都对中国历史产生了不可忽略的影响。

而中国历史上的思想者，不论是归属佛教还是道教，大抵都对对方的理论和内涵有着一定的了解。1918年，吕碧城同样得到了一个机会去了解佛教文化。

3月的北京，春光明媚，天气晴朗，但空气中还是带着一丝寒意。也就是在这样的日子，吕碧城忽然收到了好友徐蔚如的邀请，前往北京听谛闲法师讲经。

徐蔚如讳文霨，字蔚如，号藏一，出生于1878年，浙江海盐人。据《民国佛教期刊文献集成》所载，徐蔚如"生而颖异，读书十行下。年十三，即毕九经。所为文，有奇气，老儒为之咋舌。然未尝出外就傅，皆由贤母倪太夫人，亲自授读。故不为当时八股习俗所囿，独肆力于诗古文词。自来能文之人，辄畏治算术，而居士独嗜之。研思至忘寝食，戚友咸诧为奇。年十八，应童子试，以第一名入邑庠。所为诗赋，传诵一时。年二十一，遭父丧，母倪太夫人绝粒五日，几以身殉。戚中有劝其学佛者，于是阅读大藏经典，居士随侍研习，藉慰慈闱悲怀。而其深入经藏，毕生以弘扬佛法为己任，乃造端于此"。

徐蔚如早年曾经参加秋试，但是却没有考出很好的名次。恰逢徐蔚如的舅舅在北京做官，极力催促他北上。徐蔚如抵达北京之后，担任旅京浙学堂算学教习。不久之后，因推行新政，徐蔚如又担任资政院政府特派员。

辛亥革命之后，徐蔚如携家眷南归，并移居上海。当时各省组织省议会，徐蔚如被选为第一届省议员，并提出了很多积极的建议，但没有被采用。恰逢当时党禁十分严厉，省议会的工作也因此而停顿，遭逢此变之后，徐蔚如一下子对政治失去了兴趣，从此潜心于佛典。

1912年，徐蔚如曾经多次参访谛闲法师于四明观宗寺，朝礼舍利塔于阿育王山，并捐资给金陵刻经处，重刻《西斋净土诗》。他自己也曾主持集资刊刻了一部《释摩诃衍论》。

1913年时，徐蔚如被起用，前往北京担任财政部会计司司长一职。当时，蒋维乔任教育部参事，因为工作关系，二人便熟识起来。蒋维乔对佛学也有着一定研究，因此两人常常在一起讨论佛法。而吕碧城此时恰好也在京任职，几人因此而相识。

也就是在这一年，交通总长叶恭绰、铁路督办蒯若木等人在北京发起了一个讲经会，公推徐蔚如南下请谛闲老法师北上讲经。

谛闲法师生于1858年，俗姓朱，出家后法名古虚，字谛闲，浙江黄岩人。谛闲法师幼年丧父，曾经在私塾读书，但是没过几年，因为家中贫寒，不得不离开学堂到他舅父的中药店中做学徒。因为天资聪颖，没几年他竟学医有成，并在黄岩城北门开了一家中药店，同时坐堂看病。但人有旦夕祸福，仅仅两年后，谛闲法师便妻死子亡、慈母见背。或许是感慨于人生无常，遭逢此变之后，谛闲法师前往临海县白云山，依成道和尚剃度出家。

1884年，谛闲法师前往上海龙华寺，听晓柔法师讲《法华经》，随后又曾听大海法师讲《楞严经》。不久之后，谛闲法师开始研读《法华经》，某天在座上讲经的时候，谛闲法师"寂然入定，默不一语。逾时出定，则舌粲莲花，辩才无碍，答难析疑，舒展自在"。由此，谛闲法师渐渐为人所知晓。

1913年，谛闲法师出任四明山观宗寺住持。他担当住持之后，立志恢复祖庭。经过长期的资金募集之后，谛闲法师重建了大殿、天王殿、念佛堂、禅堂、藏经阁等地，并且谛闲法师重为佛像装金，重订规约，以三观为宗，说法为用，改观宗寺名为"观宗讲寺"，数年之间，观宗寺已然成为东南一大名刹。

徐蔚如虽早已邀请谛闲法师北上讲经，但是直到1918年，谛闲大师才得以成行。他与弟子仁山、倓虚一起北上，在北京江西会馆讲《圆觉经》。

吕碧城是在一个晴朗的天气见到谛闲法师的。她面前的谛闲法师安静祥和，眼睛里只有面对世事沧桑的祥和、自然，再无对红尘世俗繁华的一丝眷恋，也许这世间千万般好，在他眼中到头来也不过是红粉骷髅、一抔黄土吧。

吕碧城与谛闲法师相见之后，将自己半生所经历的事情全都告诉他了。从自己少年失怙，到独身赴津，到声名鹊起，到中年独身，在谛闲法师这里，吕碧城就像是一个学生，急切地想要得到自己人生的答案。

谛闲法师是一位温厚的长者，听完吕碧城的叙述，他微微一笑，对她说："欠债当还，还了便没事了；但既知还债的辛苦，切记不可再借。"

吕碧城一怔，半生所历，宛若浮云从她眼前飘过。她忽然觉得，自己这一生所历之事，大抵是早有定数的。沉默半晌，吕碧城向谛闲法师深深叩首，并真挚地说了一句号："阿弥陀佛。"

谛闲法师在京讲经长达两个月，吕碧城就听了两个月。谛闲法师讲经期间法众济济，请求皈依的不下数万。也就是在这个时候，吕碧城、徐蔚如、蒋维乔等都皈依了谛闲法师。吕碧城的法名是明因（后改为圣因），徐蔚如法名是显瑞，蒋维乔的法名是因是子。

蒋维乔、黄少希等人所做的笔记最后总结多达十万言，谛闲法师将之最终结集成册，并命名为《圆觉经亲闻记》。

在听经的闲暇，吕碧城曾经给好友费树蔚写过一封信，并将自己最近写的词《瑞鹤仙》寄给他，在信中，吕碧城写道：

辱存问，甚感。今夏料理西渡诸事就绪，忽染时疫，迄今两月，二三日辄一反复，至为倦厌。今春曾两次梦入一室，状颇坚固，甫入其门，即夏然闭。余知自此与尘世永隔，皇急而醒。又数年前，寓沪上法国医院，梦得七律半首云"九莲华烛烂生光，玉女苍龙递守防。廿载沧桑成一笑，百年短梦弗平章"。又初建沪宅时，梦得一联云："生死流转两相守，华屋山丘一例看。"又儿时梦有人示以画册，云余姊妹之事迹，初展数图不甚记忆，后阅余一己者，则画荒草中有绣被裹一尸，旁有人持锄瘗之，题云："青山怜种玉，黄土恨埋香。"又梦立丛竹中，影为夕阳所射，修瘦几与竹等，得长短句云："看竹里、微阳泻尽，淡黄颜色，渲染出、幽惨人间世。"虽云春梦无凭，然合而观之，殊非佳谶。四舍妹未亡之前，梦其对余诵诗两句云："浪花十丈波十围，日月倒走山为飞。"后得其噩耗，所殁地名鼓浪屿，亦异矣。今春诣崇效寺，看牡丹已谢，率成一律曰："才自花城卸冕回，零金剩粉委苍苔。未因梵土埋奇艳，坐惜芳丛老霸才。却为来迟情更挚，未关春去意原哀。风狂雨横年年似，悔向人间色相开。"语气颇颇丧，然彼时游兴颇浓，且拟海天破浪，固出之无心也。果不久物化者，拟葬邓尉，购广地于湖山胜处，碑镌客春《探梅十首》于上，植红绿梅多本，使常得文人醉酒吟吊吾魂，慰矣！拉杂作此，助君诗话之资，可一笑也。

而吕碧城附寄的那阕《瑞鹤仙》词则如下：

赋情凄欲断，正翠袖欹寒，碧云催晚。深篁自蓊蒨。弄阴霾不放，斜阳一线。回肠婉转，有几许、新词题遍。只生来、命薄魂柔，早是鬼才先识。重展簪花小记。墨晕微黟，湝痕犹茜。年时幽怨，似梦影，春云变。叹飘零病蝶，销残金粉，为底铢衣犹恋？镇无聊、绣谱重翻。旧怀顿减。

人对于死亡，总是有恐惧的。一个人没有任何依靠的时候，便更加害怕死亡的到来。而在吕碧城这样一个柔弱女子看来，死亡更是离她近在咫尺。吕碧城这样想的原因，综合起来有两条，一是吕碧城身体柔弱，常常生病，另一条大概是她历经沧桑之后，对于死亡的一种畏惧吧。

那段时间，吕碧城经常到崇效寺看牡丹，因此除了这阕《瑞鹤仙》，吕碧城还曾写过一首《崇效寺探牡丹已谢》送给费树蔚：

才自花城卸冕回，零金剩粉委苍苔。
未因梵土湮奇艳，坐惜芳丛老霸才。
却为来迟情更挚，不关春去意原哀。
风狂雨横年年似，悔向人间色相开。

时间的风雨，使得花开花又落。岁月的风雨，也早已将吕碧城的心冲刷得支离破碎。在吕碧城的这首诗中，再无往日"夜雨谈兵，春风说剑，冲天美人虹起"这样的豪情万丈，在她眼中、在她心里剩下的，竟是一片凋零凄冷的景象。

与此同时，吕碧城还嘱托费树蔚："果不久物化者，拟葬邓尉，购广地于湖山胜处，碑镌客春探梅十首于上，植红绿梅多本，使常得文人酹酒吟吊吾魂。"此时的吕碧城才35岁，这应当是一个女人最幸福的年纪，可是早早经历过风霜雨雪的她，内心此刻已经枯萎成这副模样。

看到吕碧城的来信，费树蔚自然是万分着急，他立即给她回了信，劝吕碧城要振作起来。然而"旁观者清，当局者迷"，局外的人不论看得怎样清楚，知道接下来的路应该怎么走，身为当局者的吕碧城却是永远都不清楚的。

第六章
落花时节又逢君

时间有时候恍若人手中的细沙，在不知不觉间便匆匆流走。转眼，谛闲法师离开北京的日子到来了。在谛闲法师离开的这天，吕碧城和徐蔚如等人专程来为他送行。

在道一声珍重、呼一声佛号之后，谛闲法师终于启程了。他的身影渐渐远去，可是吕碧城心中的那个信仰却渐渐坚实了起来。

[4] 汤山疗养

在送谛闲法师离开北京之后，吕碧城与好友张君默一起开始办理赴美事宜。事实上，早在谛闲法师在北京讲经时，吕碧城就已经开始着手了解这些事情了。

然而就在吕碧城刚刚办妥出国手续时，她的病情忽然加重了。张君默眼看好友病重，不能与她同行，便只得孤身一人前往美国哥伦比亚大学攻读教育学。而吕碧城的赴美事宜，自然不得不搁置下来。

吕碧城病重的消息很快被大姐吕惠如知晓。她赶忙放下工作，心急如焚地从南京赶来探视，随后又将吕碧城带到南京寻找名医医治。在大姐的悉心照顾下，吕碧城的病情渐渐有了好转。之后，大姐吕惠如又将她送到江宁县汤山温泉疗养。

汤山温泉位于南京市江宁县汤山镇。汤山古名"温泉"，因温泉而得名。早在南朝萧梁时期，汤山温泉就是皇家御用温泉。自南朝以来，达官显宦、文人墨客亦纷纷来此游览沐浴。因此，汤山温泉亦有着"千年圣汤，养生天堂"之美誉。吕碧城来此养病，自然是最合适不过了。

吕碧城到达汤山镇之后，大姐吕惠如迅速帮她安排了旅馆，然后又嘱托她好好在这里养病，然后才急匆匆地赶回了南京第一师范学校。

四周蒸腾着雾气，温暖的泉水将吕碧城的身体包裹着，她感到自己一下子放松了下来。往事仿若一帧帧影片从脑海中闪过，这些年来所经历的欢喜和忧愁，也在这温暖中慢慢消散了。

思维飘散着，一阕《绮罗香·汤山温泉》忽然浮现在吕碧城的脑海，她随口吟哦：

礦蒸珠霏，硝炊玉溅，一勺涓涓清泚。泛出桃花，江上鸭先知未？讶冰泮、不待葭吹，试缨浣、闲看浪起。引灵源、小凿娥池，洗脂重见渭流腻。

兰汤谁为灌就？也似华清赐浴，山灵溥惠。不许春寒，侵到人间儿女。喜湔肠、痼疾能疗，问换骨、仙源谁嗣？竟联翩、裙屐风流，证盘铭古意。

在汤山镇居住了一个星期左右，吕碧城的身体状况慢慢好了起来，她的生活也似乎渐渐恢复了放松的状态。闲暇时候，吕碧城会和镇上的人们一起聊聊天，有的时候则一个人静伫远眺，更多的时候则是读经、写作。

不久之后，身体好转的吕碧城离开了汤山镇。在冬天到来之前，吕碧城去了一趟香港，在那里逗留了一段时间之后回到了北京。

世间所有的相遇，大抵都是美好的。不论你和你所遇见的那个人到底最后有没有一直走下去或是有着怎样的恩怨纠葛，但是当你老了躺在藤椅上看着夕阳，回忆起你初见的那个人的时候，你的嘴角应该会露出微微一笑。

1920年的北京，依旧喧嚣热闹。不同于上海的繁华如梦，这里更多的是厚重与底蕴。贩夫走卒依旧为了生计而奔波，文人墨客依旧赋诗写作，朝堂高官依旧钩心斗角，青楼歌女依旧夜夜笙歌。

一切似乎未曾改变，但是一切却都已改变。

吕碧城此次北上至京的主要目的，是拜访自己在天津读书时的一位女友。这位女友生于官宦之家，并被许配给了一个高官之子。

再次见到那个好朋友，吕碧城大吃一惊。那个朋友早已不复当年的春光无限。辛亥革命之后，不少清朝的官员都丢了官，这个朋友的公爹亦不例外，不仅如此，她还被那个公子抛弃。她现在的生活，不过是三两间土房，麻布粗衣，粗茶淡饭，每日与村妇农夫为伍，眼神中早已没了昔日的光彩。

吕碧城和这个朋友交谈了许久，直到傍晚才回到了北京，回到了自己居住的北京饭店。吕碧城一个人临窗静坐窗前，望着楼下通明的灯火，心中忽然无限感伤。

人们常常说岁月沧桑，可是究竟有多少人能真正体会到这种感觉呢？吕碧城的心中应该是有这种感觉的，岁月果然是这世上最无情的东西，它不仅带走人最宝贵的青春，甚至有可能让你失去一切。好朋友昔日的活泼与荣耀仿若还在眼前，但是被时间的手轻轻一抹，便变成了过往云烟。

吕碧城的心中忽然伤感了起来，铺开纸，拿起笔，一首七绝就此写就：

又见春城散柳絮，无聊人住奈何天。
琼台高处愁如海，未必楼居便是仙。

这首词的前半段充满着对岁月过往、世事沧桑的无奈，但是后半段的基调却比较积极。尽管吕碧城的这首词在字面上并没有过多去批评那个朋友现在的这种生活，但是真正的原因，只怕是因为两个人从前的关系太好，而这个朋友现在又过得太差，所以吕碧城不忍心去谈及吧。此刻的吕碧城对待那个朋友只有可怜，于是这才写下了这首劝慰诗。

同样是女子，与这位好朋友相比，吕碧城无疑是幸运的。

她没有沦落到那种村妇的地步，因为她足够好运。虽然少年失怙，但是有母亲的疼爱；虽然家产被夺，但是有舅父抚养；虽然一个人身无分文逃到了天津，但是有佛照楼夫人相助，在生活走向绝境的时候她的生命里又迎来了英敛之……

然而人生仅仅是有幸运便足够吗？假如吕碧城的机灵不足以得到佛照楼夫人的欣赏，假如吕碧城没有一丝才华，恐怕她刚刚到天津便只得踏上归途了，更何来之后的声名鹊起以及涉足政坛呢？

有的人一直以为别人成功是他足够幸运，但是这世上没有任何一种成功是只有幸运便能成就的。所有幸运成功的背后，都有着汗水甚至泪水的凝结。

[5] 后会有期

辞别了多年的朋友之后，吕碧城又在出国前最后一次南下探访了自己的好友费树蔚，并和缦华女士一起游览了苏州盛景。

第一站当然是苏州虎丘。

虎丘位于苏州古城西北角，素有"吴中第一名胜""吴中第一山"的美誉，宋代诗人苏东坡曾说道："到苏州不游虎丘乃憾事也！"这句话，也使得无数游客前来这里探访虎丘盛景。

吕碧城等人先去游览了虎丘塔，也就是当年那只白虎的盘踞之地。虎丘塔始建于五代后周显德六年（959年），但是真正落成却是在北宋建隆二年（961年）。整座塔的结构为砖身木檐，塔七级八面，内外两层枋柱半拱，是10世纪长江流域砖塔的代表作。1956年，人们在虎丘塔内发现大量文物，其中还包括越窑、莲花石龟这样罕见的艺术珍品。

与意大利的比萨斜塔类似，虎丘塔也是一座斜塔。只不过前者因为伽利略的自由落体实验而蜚声海内外，而虎丘塔只是在国内略有一些名气罢了。但是虎丘塔却足足比意大利比萨斜塔早建200多年。

吕碧城看着眼前的虎丘塔，被眼前这个造型别致的塔给震撼到了。费树蔚住在苏州，对这里自然十分了解，他一边向吕碧城介绍着这里的历史和典故，一边带着吕碧城向真娘墓走去。

真娘墓整体为一个小亭构造，四角飞檐，亭子里面是一座墓碑，整座墓的造型十分精巧。

费树蔚向吕碧城介绍起了真娘墓的来源：真娘原姓胡，名瑞珍，北方人。从小父母双亡，唐朝安史之乱的时候，真娘躲避战乱逃亡到苏州，进入一个名叫"乐云楼"的妓院。虽然身处烟花之地，但是真娘却守身如玉，卖艺不卖身。当时苏州有个地主名叫王荫祥，他倾慕真娘的美貌和才华久矣，便用重金贿赂老鸨，企图在真娘那里留宿。真娘知道这件事之后，预料自己这次在劫难逃，但是她性子格外刚烈，竟选择了自缢以保全贞洁。王荫祥经此一事，内心震动不已，同时内心亦充满愧疚，于是他花重金为真娘筑墓，并发誓终身不娶。

吕碧城听完，发出一声长叹，随口咏起了唐代诗人白居易的那首《真娘墓》："真娘墓，虎丘道。不识真娘镜中面，唯见真娘墓头草。霜摧桃李风折莲，真娘死时犹少年。脂肤荑手不牢固，世间尤物难留连。难留连，易销歇，塞北花，江南雪。"

自古以来，红颜薄命。如果自己不是逃离了家庭的樊篱，并且闯出了一番名声和成就，现在的自己，只怕比这些平凡女子的命运好不了太多吧。

随后在费树蔚的带领下，吕碧城又去探访了灵岩和天平山。灵岩的"天窗洞、龙鼻水、龙湫、玉女峰、双珠瀑"等景观给了吕碧城极大的视觉享受。天平山三绝"红枫、奇石、清泉"和天平山"万笏朝天、高义叠翠、万丈红霞、玉泉轻吟"等十八胜景则让吕碧城久久不能忘怀，她再一次感受到了苏州风景的秀美。

最后一个游览地点，吕碧城和费树蔚等人选在了石湖。

石湖在苏州城西南，乃太湖支流。传闻春秋时，范蠡带着西施就是从这里泛舟入太湖的。石湖名胜众多，其中大多为古寺、古塔、古墓。这里不仅有"渔庄、天镜阁、顾野王墓"这些古建筑，宋代著名田园诗人范成大等人的别墅也建在此处。

在石湖东面还有一条越来溪，越来溪上架着一座越城桥。传说当年越王勾践攻打吴国时，曾在此屯兵。在越城桥的右边，还有一座行春桥。该桥为九环洞桥，这里亦是石湖看串月的最佳处。

每当农历八月十七子时时分，如白玉盘的月亮高高挂在西天，清冷的月光洒下来，并透过行春桥的九个环洞，照在水面上。微风起时，湖上泛起涟漪，一连串映照在水面上的月亮荡漾着，形成"石湖串月"的奇景。诗人蔡云曾有诗写道："行春桥畔画桡停，十里秋光红蓼汀。夜半潮生看串月，几人醉倚望河亭。"寥寥数语，便将此盛景尽收笔下。

只是吕碧城等人的游览时间并不是农历八月十七。她与费树蔚几人将时间选在了端午节——这个家家团聚、挂艾蒿、饮蒲酒的日子。石湖上的微风轻拂着，船儿荡漾着，吕碧城等人坐在船上，船慢慢荡到湖心。看着远处热闹的人群，吕碧城忽然觉得一种孤独将自己围绕。

因为这种情绪的蔓延，吕碧城有些忧伤，她低沉地随口吟道：

旧苑寻芳，尚断碣、蚪文未灭。石湖外，一帆风软，碧烟如抹。菰叶正鸣湘云怨，葭花又梦西溪雪。又红罗，金缕黯前尘，儿时节。

人天事，凭谁说；征衫试，荷衣脱。算相逢草草，之嬴伤别。汉月有情来海峤，铜仙无泪辞瑶阙。待重拈，彩笔共题襟，何年月。

这阕词吕碧城又寄前辈诗人樊增祥相别，樊亦写了首《碧城以端午日石湖泛舟词见寄赋答》相回，词曰：

双桨吴波，正老去、江郎情别。金翡翠，南来传语，自书花叶。沧海泣乾绞帕雨，碧湖唤起蛾眉月。又山塘、七里试龙舟，中天节。

青雀舫，歌三叠；红鸾扇，词一阕。算菱讴越女，万金须值。雪藕丝牵长命缕，绿荷风约留仙褶。只西天，遥望没人云，长相忆。

樊增祥回的这首词,文辞之中尽是惜别之意,二人相识多年,分别的时刻自然依依不舍。可是前路既然已经确定,樊增祥能为朋友做的,大概也只能是祝她一帆风顺了吧。

　　费树蔚积学好古,文章庄雅,尤善倚声,他题诗相赠:"我亦附诗将款款,银河一碧浪花微。"

　　如果说樊增祥的送别词尚且只是朋友情谊的话,那么费树蔚的这首词多少有点缠绵了。费树蔚对吕碧城有好感吗?自然是有的,不然他绝不会陪着吕碧城一起前往莫干山探访,也不会在吕碧城说出"拟葬邓尉"时心忧如焚,更不会陪着吕碧城再次游览苏州盛景……

　　当一个男人会花时间陪你,会为你万分担心,会在你要走时对你深情款款时,你在他心中的分量,只怕不低。吕碧城知道费树蔚的心意么?我们不知道,但是拟葬邓尉,究竟是因为她喜欢这里的景色还是因为她眷恋着这里的某个人,我们同样也不知道。

　　当她要走的时候,在两人之间,剩下的怕也只有"后会有期"这几个字了吧。

第七章 孤帆一片日边来

[1] 大洋彼岸

1920年9月,吕碧城终于踏上了前往美国的旅途。

一艘巨轮在太平洋的海面静静地行驶着,海上的波浪不停拍打着巨轮。秋天的金色阳光散落下来,映照在巨大的轮船船体和广阔的海面上。风在海面上吹着,海鸥在天空翱翔着,吕碧城安静地站在轮船的甲板上,此时太阳刚刚从远处的海平面上升起,连带着天边的云彩都染上了好看的景色。

吕碧城看到眼前的景色,咏诗一首:

霞彩缤纷遍海天,尽回秋气作春妍。

娲皇破晓严妆出,特展翬衣照大千。

海上的风忽然有点大了,让吕碧城都不免有了些寒意。在甲板上站了一会儿之后,吕碧城又回到船舱里歇息。

在海上的日子显得尤其无聊,吕碧城除了偶尔到甲板上探探风,看看远处的海景,大多数的时间都待在船舱里看书或者写作。有的时候,吕碧城也和其他旅客聊聊天,以此来度过闲暇而无聊的时光。

时间过得很快,数天之后,待在船舱里的吕碧城忽然听到有人告诉她:

吕碧城:
我到人间只此回

"火奴鲁鲁到了。"

火奴鲁鲁即檀香山。在夏威夷语中，火奴鲁鲁的意思是"屏蔽之湾"。因为以前此地盛产檀香木，并且产出多数被运回中国，因此得名檀香山。

檀香山位于北太平洋夏威夷群岛中瓦胡岛的东南角，早期为波利尼西亚人的小村庄，19世纪时因檀香木贸易和作为捕鲸基地而兴起，1850年成为夏威夷王国首府，1898年夏威夷归属美国，1909年设市，1959年成为州首府。

檀香山为世界上少有的多种族混居区，除波利尼西亚后裔外，还有日本人、中国人、美国大陆人、菲律宾人、朝鲜人、西班牙人等，而以亚洲人后裔居多。1894年11月，中国资产阶级第一个革命小团体——兴中会，就是由孙中山在此创立的。

趁着轮船靠岸补给的时间，吕碧城赶忙将自己写的那首词寄给了远在祖国的樊增祥。随后因为时间的关系，她只草草看了几眼檀香山的景色，便回到了船上。

轮船在檀香山的补给完毕之后再一次驶向了大海，几天以后轮船才在旧金山靠了岸。令吕碧城惊奇的是，她刚刚踏上旧金山的土地，樊增祥寄给她的和诗便已经"飞"到了美国：

万里沧溟一鉴开，红云捧日照蓬莱。
灵娲晓御銮舆出，端坐金银百尺台。

惊倒人间赵马儿，扶轮碧眼赤须眉。
宁知天际乘鸾女，独立苍茫自咏诗。

海心山色浴红檀，争拜中原女坫坛。
莫把惊鸿轻照影，须从麟阁上头看。

虽然这三首都是十分稀松平常的和诗，也不是什么经典之作，但是诗句中还是不免看出樊增祥这位前辈对吕碧城的关心和爱护。

吕碧城站在人海中稍微等了一会儿，便看到中国驻旧金山领事馆的工作人员陶先生过来了，他为吕碧城献上了一大束鲜花，向她表示了热烈的欢迎。随后陶先生从她手上接过行囊，然后送她去了下榻的宾馆歇息。

在宾馆安顿下来之后，陶先生开始带领吕碧城游览旧金山。

旧金山位于美国加利福尼亚州西海岸圣弗朗西斯科半岛，是一座典型的山城。

陶先生首先带领吕碧城游览了唐人街。

唐朝是中国历史上最鼎盛的一个时期，亦是中国历史上对外影响最大的一个朝代。唐代之后，历经元、宋、明、清，外国将中国或与中国有关的事物毫无例外地都称为"唐"。而中国人在外时，亦以中国有"唐"这样一个伟大的朝代而自豪，他们对外往往称自己为"唐人"。久而久之，中国人便被外国人称为唐人，唐人居住的地区便被他们称为"唐人街"。而旧金山的唐人街是美国西部最大的可与纽约唐人街相比的地方，这里大约有10万名华侨聚居。但是令人难以置信的是，1848年的时候，这里仅仅只有3个华人。

吕碧城跟随陶先生先后游览了都板街和盛昌大厦，随后又在陶先生的陪伴下去了渔人码头。旧金山的渔人码头，过去曾是意大利渔夫的停泊码头，后来慢慢演化成商业街区。这里最令人称道的，是渔人码头的海鲜。

随后，吕碧城在陶先生的带领下参观了天使岛。当吕碧城看到移民营内一块黑色石碑上的对联时，她的心不由低沉下来，那块石碑上写着"别井离乡飘流羁木屋，开天辟地创业在金门"。她仿佛看到，在昏暗的木屋里，无数的中国人被盘问、审查、检疫了一遍又一遍，被关押了一天又一天，有时甚至被拳打脚踢时的样子。她的心，忽然像被撕扯了一样疼痛。

他们满怀着希望来到此地，但是却像是低等生物一样被对待。

他们几乎是以开荒者的姿态创造了这座城市，但是却像是下等人物一样被凌辱。

在旧金山的每一寸繁荣下，都埋葬着中国人的累累白骨。

在这里逗留了不久，或是因为心情低落，吕碧城很快随同陶先生返回了宾馆。随后的几天，她又随陶先生游览了金门、艺术宫等处，但吕碧城一直都兴致寥落。

天使岛就像是一根刺，深深扎进了吕碧城的心里。

在旧金山待了仅仅几天，吕碧城便乘火车去了美国之行的下一个城市——纽约。

[2] 东方公主

纽约位于美国大西洋海岸的东北部,是美国最大的城市。

吕碧城在来到纽约前心中实际上是有顾忌的,因为在旧金山的时候有很多朋友告诉她,纽约的治安算不上太好,这里经常发生抢劫事件。但吕碧城考虑再三,还是选择了遵从自己内心的想法。

虽然已经做出了决定,但是吕碧城在到纽约之后还是万分小心,并特地选择了当时号称世界第一的潘斯乐维尼亚大旅店。

当吕碧城一个人拖着行李在大堂办理入住手续时,一个人在她身后将她抱住。吕碧城蓦地一惊,还以为自己被劫持了,等到她回头看时,却发现一个金发碧眼的女士正在对着她微笑。

这个金发女士,是潘斯乐维尼亚大旅店的楼层总管。吕碧城虽然早就听说外国人的礼仪和中国人不一样,不过也未料到有如此大的区别,然而即便如此,吕碧城后来还是和这位楼层总管成了好朋友。

旅店楼层总管算来应该也不是什么特别的职位,可是当这座旅店的名字叫潘斯乐维尼亚,并在当时号称世界第一时,那这个身份便有了一些别样的意味。通过这位楼层主管的介绍,吕碧城很快便踏入了美国上流社会,并结识了大量的政要、富商、明星、名媛,在这些大腹便便的上流人物中,吕碧城宛如一只优雅的天鹅。吕碧城出手大方，学识渊博，衣着时尚，不少人还以为她是一位来自东方的神秘公主。

舞会和晚宴，向来是美国社会结交人脉的重要活动。在美国上流圈子混熟之后，吕碧城开始频频接收到晚宴和舞会的邀请，席帕尔德夫人便是向她发起邀请的人之一。

席帕尔德夫人出身富贵，手上掌握着大量财富，以至于在当时竟没有男子敢向她求婚。于是，她便仿照英国维多利亚女皇模式向男子求婚。因为出嫁时已年过四十，且当时的她没有生育能力，于是便收养了四个女儿。她曾经捐巨款为当地士兵和水手建立了一座藏书楼，因此十分受士兵和水手的尊敬，每次走在街上都会有士兵主动给她行礼。

吕碧城在赴宴之前，特地去了一趟理发店护理自己的头发。吕碧城在店中接受服务时，在理发店工作的一位名叫道亦尔的女店员听到这件事不由大感意外，并在吕碧城面前介绍席帕尔德夫人究竟如何富有，只要吕碧城能够与她形成良好的关系，不论遇到什么困难席帕尔德夫人都能帮她解决。她还告诉吕碧城应该如何与富人相处，但是她还没完全说完，吕碧城便告诉她，自己比席帕尔德夫人还要富有。女店员顿时怔住了，过了一会儿才讪讪一笑。

虽然吕碧城有着丰厚的资产，但是她交朋友，却从来不看对方的资产丰厚与否。对她来说，交朋友只要真诚踏实，能够与自己合得来便够了。

一个名叫汤姆的小伙子，便是最好的例子。汤姆是吕碧城在舞厅参加一次活动时认识的。从认识之初，他便很诚实地告诉吕碧城自己只是一名工人，吕碧城同样也告诉他，自己交朋友从来不以财富为评判标准。这两个以心相交的人，很快便成为好朋友。他们时常在一起跳舞或者喝酒。

然而这段友情并未持续多久，有一次汤姆照例前来邀请吕碧城与他一同跳舞，但是吕碧城告诉他早已经有人约了她，只怕这次不能与他一起。约吕碧城的那人是一位银行经理，这件事让汤姆误以为吕碧城看不起他，并从此从吕碧城身边消失。吕碧城也因为这件事深感愧疚，在那之后竟与

第七章
孤帆一片日边来

那位银行经理绝了交。

也许吕碧城和汤姆正如两条交线，他们来自东西两个不同的世界，只是偶然而有了交点，但是东西方的文化却又使他们对同一件事有着格格不入的理解。

[3] 他乡故知

吕碧城到美国的目的，自然不仅仅只是游玩和交友。求学，才是她漂洋过海，来到异国土地的真正原因。

吕碧城所就读的学校是哥伦比亚大学。

哥大位于美国纽约市曼哈顿，成立于18世纪50年代，是世界著名的私立研究型大学，同时亦属于八大常春藤盟校之一，这里出过五位美国开国元勋、九位美国最高法院大法官、二十位亿万富翁以及三十四位国家元首。顾维钧、胡适、孙科、宋子文、蒋梦麟这些中国知名人物都曾在这里读书求学。

吕碧城是作为旁听生来这里求学的，与此同时，她还是驻美国的上海《时报》特约记者。吕碧城到这里的时候，她的好友张默君已经回国，因此她再一次与好友擦肩而过。

除了每天必修的课程，吕碧城大多数时间都泡在图书馆里，哥大图书馆丰富的藏书仿佛是一扇新世界的大门，让她欲罢不能。闲暇的时候，她会漫步在学校的林荫小道上，听着耳边喳喳的鸟鸣，欣赏着哥大的风景。

除了班上的同学，吕碧城还结识了来自国内的两位朋友——杨荫榆和凌楫民。

杨荫榆1884年出生于江苏无锡，曾在苏州景海女中、上海务本女中就读，后来又曾赴日求学，学成之后又回国任教，并成为中国近代史上第一位女大学校长。1937年，日军侵占苏州，她目睹日军种种暴行，数度到日军司令部提出抗议，最终被日军杀害于盘门外吴门桥，年仅54岁。

吕碧城在哥大结识的另一个朋友凌楫民，同样才华非凡。凌楫民是浙江吴兴人。凌楫民早已听闻吕碧城在国内的事迹，并对她的才华颇为敬仰，这次在异国土地上相遇，使他大为兴奋，两个人常常在一起讨论他们在哥大的学习状况和国内的局势。吕碧城将《革命女侠秋瑾传》写完之后，他还帮忙将这篇名作介绍给纽约、芝加哥等地的各大报纸刊载。在哥大时，他还多次与吕碧城作诗相和。回到国后，凌楫民先后任北平大学法学院教授和上海法律事务所律师。

在国外学习，最重要的自然是语言相通，虽然初来美国的吕碧城英语并不算太好，但是她却十分认真弥补着自己这方面的缺点，在一首诗中，吕碧城甚至还记载下了自己学习英语时的体会。美国的英语环境和吕碧城的努力使得她的英语水平有了长足的进步，在寒假的空闲时间里，吕碧城还翻译了《美利坚建国史纲》，这部书在吕碧城回国后由大东书局出版，畅销一时。

吕碧城在哥大主修两个科目，一个是英语，另一个是绘画。在老师上课讲解完理论知识之后，吕碧城大多会进行实践，而绘画也确实很有趣并成为吕碧城所喜欢的科目之一。有时吕碧城会去画一画那些无忧无虑在海边玩耍的孩子们，有时候则会带着自己的画板，一个人安静地坐在夕阳里，将鲜红的晚霞和昏黄的落日留在自己笔下。

虽然身在海外，但是吕碧城却并未忘记祖国。看到国外的繁荣似锦、安定和平，吕碧城想到国内纷乱的局势、飘摇的世道，便不由得心乱如麻。她甚至曾经尝试过写信给国内的当权者，试图改变中国当时的现状：

当代政界诸公不解西语，不与外人交际，所以没有国际的感触、世界的眼光。只知道在家里关起门来与同胞互争雄长。他日出门一步，遇见外人才知道，我国的地位在世界上卑微到何等。感触有多深，诸公固然自己身受不到的，但是既有了钱，诸公的子孙必然读西文，出洋留学，必有与外人相处的时候。就是不出洋，世界交通，西力东渐，华洋的交涉逐日地繁密，也无可避免。诸公何不捐除私斗，共救国家，为后世子孙做人的地位呢。

吕碧城的这封信，完全是从自己的经历出发，以一个热爱祖国的海外游子最真挚的心所写就，字里行间，尽是对祖国未来的无尽担忧和崛起的期待。

然而在那个纷乱的时代，政坛上哪里会有人听她一个弱女子的呼喊？即便吕碧城早已在国内成名，对那些当权者来说，他们在意的只有自己的利益，至于其他人的建议，只是耳旁风罢了。

吕碧城的信，自然石沉大海。

即便这样，吕碧城并未灰心。试问一个孩子会对母亲绝望吗？自然不会。同样，作为华夏儿女，虽然自己想要改变国内现状的呼喊并未得到任何回应，但是吕碧城还是尽力为祖国贡献着自己的力量。吕碧城后来回到国内，还不忘指出中国公派留学生制度的缺点。

[4] 归去来兮

或许是因为忧思过度，或许是因为身在国外无人照料，在那年7月份的时候，吕碧城病倒了。

其实吕碧城的身体本来就算不上太好，在国内时就曾大病过几场。早年创办北洋女子公学时，她便竭尽心力，常常饮食无度。

吕碧城生病是在7月的一个雨天，她突然感到自己的身体有些发热，头也有些疼，心跳加快，还以为自己患上了心脏病，于是叫来了医生，问起她的病情，并让医生不必隐瞒她的病情。医生经过检查后，告诉吕碧城她的身体并无大碍，然后准备为她开药调理，但是这时候吕碧城却又制止了医生，告诉他自己从来不吃药。吕碧城的回答让医生十分惊诧，亦十分不解，既然不吃药，那为何要打电话叫医生过来。吕碧城随后便给出了解释：自己是来请医生为她诊断的，假如自己生了大病，她需要请律师立遗嘱。

这个时候的吕碧城已经年近40了，在国民平均寿命并不算长的民国，这个年纪已经算是过了人生的半辈子了。可是这半辈子走过，吕碧城却依旧是孤孤单单的一个人。

单身的人，大多孤寂而敏感，他们的未来了无依靠，因此一旦遭遇病痛，便惊疑不定。所以，吕碧城才向医生说出那样一番话。

常年住在豪华宾馆，出手阔绰、气质高贵的吕碧城常常被人误以为是东方的公主，无数人羡慕她富裕无忧、出入上流社会的生活。可是没有经历过孤单的人，大抵很难理解真正的孤单是什么感受。当一个人身在异国他乡、举目无亲的时候，孤寂便会像潮水一样向她袭来。即便她身处锦绣丛中、繁华世界，周围总是缤纷的色彩、悠扬的音乐，但在她内心的深处，孤独和寂寞是那样肆无忌惮，在每一个阴暗的雨天，在每一个凄冷的午夜，它们占据了她的心。半生随波逐流的漂泊，让吕碧城感觉自己如同这红尘中的一瓣浮萍，仓皇不定，动荡不安。

所幸不久，吕碧城的病慢慢痊愈了。

病愈之后的吕碧城又开始忙起来，每天出入图书馆和教学楼，闲暇的时候读书、翻译、喝茶，有时候则和她的同学一起出去踏青，和朋友们一起交谈。

时间过得很快，转眼便到了 1922 年 4 月，吕碧城终于结束了为期两年的留学生活，从加拿大温哥华绕道返回国内。那个时候，中国到美国的越洋巨轮一般都是在日本横滨中转。吕碧城抵达日本的时候，恰逢英国王子华尔士即将访日，大街上张灯结彩，日本的男男女女纷纷穿着华服和节日的盛装，人来人往，热闹非凡。与吕碧城一同乘船去往中国的女士们纷纷下船，去感受这节日般的气氛。

吕碧城本来是待在船上，但是经不住一同乘船的女士们相劝，再加上眼前的景象的确令人感到新奇，于是她便也下船了。

吕碧城看着眼前热闹的景象，忽然想起距离自己一海之隔的祖国亲人和朋友，内心的孤独和寂寞更加喧嚣起来，一阵莫名的忧伤忽然从她的心头划过。

也就是在这个时候，一个男子忽然靠近了她，他用带着日本口音的英语向吕碧城打了声招呼。吕碧城心中一惊，然后礼貌性地对他点了点头，接着那个日本男子问起了她的名字，来自哪里，吕碧城亦礼貌性地用流利的英语作答。随后，那个男子开始向吕碧城介绍日本街景和文化。虽然他看起来一表人才，但吕碧城心中却不由得有些烦躁。

不久，吕碧城便向这个男子告别，这个男子有些诧异，然后赶忙递上自己的名片，并对吕碧城说希望以后多多联系。吕碧城再次压下心里的厌烦，将那张名片收在了手中。

吕碧城一上船，就将这张名片丢在了海中。一边丢还一边说道："沉者自沉，浮者自浮，余某某，不友其仇。"

事实上，整个民国有不少中国人都曾前往日本留学，假若他们在日本交了什么朋友那自然也是正常的。但是吕碧城不愿意，一方面她本来就有着很强的民族自尊，另一方面，自1894年以来，日本数次侵略中国，甲午海战迫使清政府签订丧权辱国的《马关条约》，1915年，日本又迫使袁世凯政府签订《二十一条》，妄图把中国的领土、政治、军事及财政等都置于日本的控制之下。

日本政府的这些恶行，早年曾在政府任职的吕碧城怎么会不清楚？因此她的内心从一开始对日本人就是抗拒的，不论这个日本人是友好还是不友好。

值得一提的是，也就是在吕碧城邂逅这个日本青年两年后的一天夜里，吕碧城忽然做了一个奇怪的梦。她梦见，有一天门房忽然给她递过来一张名片，名片竟然和两年前那个日本青年递给她的一模一样，门房在递给吕碧城这张名片之后又从门外搬进来一个大箱子，并告诉吕碧城这些东西都是这张名片的主人送给她的，箱子上的邮票和封签都显示这个箱子来自日本。吕碧城打开箱子，发现里面都是些颜料、绘笔之类的绘画工具。吕碧城的母亲看到这一幕之后脸色铁青，对吕碧城破口大骂，说她不孝，并指责她不应该和日本人交往，而家中的亲人亦对吕碧城十分鄙夷。直到窗外工厂的汽笛声响，吕碧城才从梦惊醒过来。

常言道："日有所思，夜有所梦。"吕碧城做这样一个梦，虽然看起来有些惊奇，但是同时反映了吕碧城心里最深处的想法——她不喜欢日本人，

吕碧城：
我到人间只此回

她热爱自己的祖国。正如很多年以后她对朋友说的那样:"这些年浪迹天涯,朋友遍及各国,唯独东邻日本没有一个朋友。"

第七章

孤帆一片日边来

[5] 故国神游

1922年5月，吕碧城回国后不久，忽然听闻了一条消息：康有为的母亲去世了。

康有为（1858—1927年），原名祖诒，字广厦，号长素，又号明夷、更甡、西樵山人、游存叟、天游化人，广东省南海县（今南海区）丹灶苏村人，人称康南海，中国晚清时期重要的政治家、思想家、教育家，资产阶级改良主义的代表人物。

康有为与吕碧城都毕业于哥伦比亚大学，而且二人都是文坛响当当的人物。康有为的母亲病逝，吕碧城觉得自己怎么也应该去看看，于是便同友人一起去吊唁。

在这次吊唁中，吕碧城不仅见到了久负盛名的康有为，而且在这次吊唁之后，吕碧城和康有为成了忘年交，和康有为的二女儿康同璧更是成了很好的朋友。

康同璧与吕碧城类似，也一直致力于争取女权与改革。在纽约读书时，康同璧曾阐述过自己的理想："等我念完书，我将回国唤醒中国妇女。我特别关心妇女参政权，望能唤起中国妇女实现其权利。"

其实康同璧最先并未想到在巴纳德学院就读，1903年11月到达纽约后，康同璧最先申请的是威尔斯利女子学院，但是因为该校的名额已满，康同璧于是退而求其次，进入马萨诸塞州拉德克利夫学院念书，后来又前往康州三一学院求学。1905年5月，康同璧申请了巴纳德学院的入学考试，但却失败了。直到1907年，在该校教务长劳拉·吉尔的运作下，康同璧这才以"学院客人"的名义进入巴纳德学院，并且可以不修所学课程的学分，但仍然是1909届班上的一名学生。这种情况并不是说康同璧能力不够，而是那时康同璧年龄相对较小，英语算不上特别流利，而且还需要经常陪同父亲康有为在欧美游学，推动中国改革。该校教务长担心康同璧可能难以通过考试，因此才做出这样一个安排。但是康同璧最终还是以优异的成绩完成了她所有必修的23门课。

从巴纳德学院毕业后，康同璧依旧为女权主义事业而奋斗着。她曾多次参与妇女运动，包括演讲和集会，她还当上了中国最早的妇女刊物《女学报》的编辑，并为该报撰稿。后来她还担任过万国妇女会副会长、中国妇女会会长等职位。

吕碧城和康同璧，这两个有着同样理想以及都曾在纽约待过的精英女性自然有着相同的话题。她们谈美国、谈留学、谈国内的情形，当两个人对同一件事情有着相同的观点的时候，甚至有种相见恨晚的感觉。渐渐地，二人从海外谈到国内，从国事谈到家事，当康同璧向吕碧城讲起自己的家事时，吕碧城不由安静地聆听。康同璧向吕碧城讲起了母亲的死，那时的她是怎样的悲痛；讲起她和丈夫一起去海外，举目无亲，随波逐流，又是怎样的身心俱惫；讲到儿子荣邦留英，丈夫周昌又被调往温哥华，自己孤身一人带着女儿回国照顾父亲又是怎样的怅然。

整个下午，吕碧城和康同璧都在交流、谈心。临别的时候，二人竟都有些依依不舍，康同璧将不久前付梓的诗编《华鬘集》送给吕碧城，并嘱咐她路上注意安全，二人这才惜别。

吕碧城回到自己在静安寺路的寓所之后，看着康同璧送给自己的诗编，想起康同璧的遭遇，不由在桌上铺开了纸笔，写下了几首诗：

翻手为晴复手阴，韶华草草百愁侵。
桃花潭畔行吟过，怕指春波问浅深。

飞花飞絮遍锦茵，色身谁假更谁真。
春秋慧镜多渲染，不信灵犀可避尘。

英气飞腾扬绮思，亦仙亦侠费猜疑。
锦标夺取当春赛，肯惜香骢足力疲。

花在南枝太俊生，仙都弹指有枯荣。
和羹早荐金盘味，零落何伤此日情。

倦绣惟求物外因，自锄瑶草傍云根。
而今蕙带荷衣客，谁识天花散后身。

　　这几首诗，大多切合康同璧自身的遭遇，同时又展现着吕碧城自己对康同璧这么多年遭遇的同情和对未来的嘱咐。其实吕碧城自己这么多年的遭遇又何尝不令人叹息呢——少年失怙，逃离塘沽，再到阔别仕途，只身闯荡纸醉金迷的上海滩，一个人前往美国留学，到现在还只身一人。这大半辈子，其中的艰辛，没有真正有过这样的经历的人，谁又能敢说自己真的理解吕碧城？

　　还好，上天对吕碧城还算公平，让她历经了艰难困苦的同时，亦让她在这混乱的世界里闯出了一番自己的天地。

　　1925 的夏天，上海的天空凝聚着一抹殷红的血色，连空气中似乎都带着一股血腥味。就是在这个夏天，上海发生了"五卅"惨案。5 月 30 日，上海学生 2000 余人在租界内散发传单，发表演说，抗议日本纱厂资本家镇压工人大罢工、打死工人顾正红，声援工人，并号召收回租界，被英国巡捕逮捕 100 余人。下午万余群众聚集在英租界南京路老闸巡捕房门口，要求释放被捕学生，高呼"打倒帝国主义"等口号。英国巡捕竟开枪射击，当场打死 13 人，重伤数十人，逮捕 150 余人，造成震惊中外的"五卅"惨案。

这件事情发生的时候，吕碧城正在前往南京的列车上。当年自己生病的时候大姐焦急地从南京赶来将自己带去汤山疗养的情形历历在目，此时在南京的大姐病了，自己又怎么可能不去探望？也就是在这趟旅程中，吕碧城偶遇了从镇江来的沈月华女士，她们对英国人开枪射杀中国人的行为愤慨异常。

这件事过去不久，吕碧城和沈月华相约同游苏州，并顺道拜访了好友费树蔚。翌日，费树蔚在韩家巷庞氏鹤园设宴为吕碧城、沈月华接风洗尘，并邀请了当地名士金松岑作陪。

老友相见，自然欢欣非常，席间推杯换盏，谈风论月，酒过三巡，不知是谁首先提起最近发生在上海的"五卅惨案"，大家顿时一阵沉默，同时亦悲愤异常。国力孱弱，任凭列强欺侮，自己却又无可奈何，这大概是民国初期所有文人的无奈之处。或许是因为太过失望，吕碧城在宴席中不由透露出想要再次漫游欧洲、不欲复还的意愿，费树蔚等人听罢亦十分感慨。

欢宴过后，费树蔚邀请吕碧城和沈月华一同游览鹤园，而金松岑则作为导游，为吕碧城和沈月华解说了鹤园的前世今生。

鹤园筑造于清光绪三十三年，由道员洪鹭汀始筑，因俞樾书有"携鹤草堂"匾而取名"鹤园"。鹤园与曲园、听枫园南北为邻，宅园总面积达 4.66 亩，其中花园 2.8 亩。词人朱祖谋曾寓居于此，并在此手植宣南紫丁香一株，开花时清香满园，沁人心脾。鹤园假山遍布，林木遍植，勾檐回廊，曲径通幽，一步一景，是中国古代园林的典范。

吕碧城等人游览鹤园的时候，天空下着蒙蒙小雨，眼前的景色和细雨相和，显得柔美动人。吕碧城眼见此景，不由诗兴大发，作下一首七绝：

> 娥虹身世本飞仙，神采常流霁后天。
> 伴我明妆人似月，熟梅佳节雨如烟。

作完这首诗之后，吕碧城似乎觉得不太尽兴，转而又吟哦出另一首：

> 拾翠无从拾坠欢，十年几看六朝山。
> 人间何事堪回首，莫怪江流逝不还。

吕碧城这两首诗作完，费树蔚细细玩赏，转而不由大声赞美，其他人更是被吕碧城敏捷的才思所震惊，不由纷纷击掌叫好。吕碧城作完诗，费树蔚作为主人，自然不可能不作，更何况他还是远近闻名的才子。略一思索，两首佳作便脱口而出：

> 三年几日能欢笑，意外逢君携伴来。
> 软语一灯留掣雷，定心千劫拨寒灰。
> 雨中池榭深杯识，应半笙歌倦枕哀。
> 左江风流垂尽矣，谈何容易刬船回。

> 市声浩浩说攘夷，汤火魂飞有异辞。
> 倚柱歌声出金石，报堂英气迈须眉。
> 武陵招隐晋渔父，泰华登真秦子遗。
> 便可一廛相料理，十洲风满去何之？

费树蔚和吕碧城的唱和，使院中热闹起来，沈月华和金松岑更是对二人的才学大加赞赏，表示不虚此行。

游览完鹤园，费树蔚和吕碧城似乎意犹未尽，翌日，几人再次相约，前往吴江泛舟。

吴江又称吴淞江，是太湖的支流。因杜甫在《戏题画山水图歌》中写出"安得并州快剪刀，剪取吴淞半江水"的著名诗句，这才首次出现"吴淞江"的名字，但人们依旧习惯称这条江为吴江。

吕碧城一行人泛舟吴江之上，费树蔚忽然起了作诗的兴趣，而且一出手便是四首：

一舸中流望若仙，凄馨明月满诸天。
更无纨扇挥斜日，但有风芦掠晚烟。

草草经行强作欢，清矑何事避钟山。
雷车散得天钱讫，便抵山阴兴尽还。

身斗饥蚊不羡仙，沈娥此义动云天。
如何君作元龙卧，绡帐深深芍药烟。

飘灯别馆不成欢，接淅而行气涌山。
未会六朝烟水味，但看赤日檞田还。

费树蔚作完诗，递给吕碧城，吕碧城看过之后连声赞好。随后，吕碧城又将费树蔚的这几首诗细细揣摩，过了一会儿，她对费树蔚说："费兄果然才思敏捷，适才我思索了许久，也想出了几首七绝，还请费兄斧正。"

费树蔚微微一笑，道了声："不敢。"

费树蔚的声音刚落下，六首七绝前后从吕碧城口中吟哦而出：

昔闻缩地长房仙，更缩由旬一杵天。
鼙入吴峰同闷损，三分金粉七分烟。

桂丛招隐羡诗仙，香满华严卅六天。
待把高鬟双绾就，半笼吴雨半吴烟。

夷齐甘作采薇仙，故园仇雠不共天。
岂比村姑矜小节，露筋祠树渺秋烟。

青史黄粱各自欢，他年佳话纪名山。
玉成月姊千秋义，一枕游仙梦乍返。

飞霙掣电自成欢，翠掠车窗饱看山。
汉女湘娥同邂逅，偶然剑合便珠还。

泪满东南强作欢，移文慷慨誓移山。
点金幸有麻姑爪，散尽天钱去复还。

吕碧城一连六首，让费树蔚等人不由目瞪口呆，费树蔚更是笑道："才几年不见，没想到你的水准竟已精进到如此地步。"

吕碧城微微一笑。

随后几人又一同游览了垂虹桥。垂虹桥建造于北宋庆历八年（1048年），原来为木质结构，后来毁于战乱。经过多次重修，至元代增建至99孔，但不久之后该桥再次坍塌。到元代泰定二年，知县张显祖改木桥为石桥，改用白石垒砌，并改为72孔。垂虹桥三起三伏，环如半月，长若垂虹，故而得名。桥两端各有一亭，并有四大石狮，栩栩如生。

吕碧城等人去游览的时候，垂虹桥已经毁损大半。古迹被毁，这让吕碧城多少有些心痛。时光易逝，事世变迁，这多少让人有些无可奈何。

游览过垂虹桥，几人这才返回苏州，并相约秋日再次一同赏桂。

郊游结束后，吕碧城并没有立即离开苏州，而是专门拜访了一位老友——哥大同学杨荫榆。

1923 年杨荫榆回国之后，次年便担任了北京女子师范大学的校长，但是仅仅上任一年，她便经历了"女师大风潮"，因为作风强硬，她被鲁迅等人批判为封建家长制作风，段祺瑞不得不免了她的校长职务，她也因此卷起铺盖，回到了老家无锡。

回到无锡之后的杨荫榆多少还未能摆脱离职的阴影，在家难免感伤，恰逢吕碧城这位老友拜访，给她感伤的日子平添了一份慰藉。

哥大一别，转眼已匆匆四年。吕碧城见到杨荫榆，对于杨荫榆反对学生爱国的行为不敢苟同，但是作为同学，看见情绪低落的杨荫榆，她只得安慰了一番，然后赠给了她一首《柬同学杨荫榆女士》道别：

> 之子近如何，秋风万水波。
> 瀛黉怀旧雨，乡国卧烟萝。
> 吾道穷弥健，斯文晦不磨。
> 狂吟为斫地，重唱莫哀歌。

这首诗回忆了两人在哥大读书时的情形，同时亦深情嘱托这位同学要保持文人气节，这对正处在人生低谷的杨荫榆来说，无异于沉沉黑夜中的一点星火。

随后几年，杨荫榆依旧在教育上发挥自己的才能，并在数所学校任教。1937 年，日军侵占苏州，目睹了日军种种暴行的杨荫榆数次到日军司令部抗议，并最终引发日军恼怒。1938 年，杨荫榆被日军杀害于盘门外吴门桥，年仅 54 岁。

从反对学生的专制校长，到保护中国妇女敢直接在日军司令部抗议日军暴行的巾帼英雄,吕碧城的那次拜访,多少对杨荫榆的思想转变有一定影响。

拜访过杨荫榆之后,吕碧城再游欧美的想法开始慢慢迸发出来。但是这个想法最终确定下来,与吕碧城大姐的去世有着很大的关系。

在吕氏姐妹中,大姐惠如和吕碧城的关系一向最好。早年吕碧城创办北洋女子公学,大姐吕惠如便倾力相助,后来吕碧城在北京听完谛闲法师讲经之后大病一场,大姐吕惠如亦是心急如焚地从南京赶来将她带至汤山疗养。若不是大姐,只怕那一次吕碧城便一病不起了。

大姐的去世,自然令吕碧城悲痛万分,她赶忙赶到南京,当她看到一如既往疼爱她的大姐永远闭上双眼、再也不能叫她小妹的时候,她的心像是被一根根尖锐的针狠狠地扎着。更让她始料未及的是,大姐尸骨未寒,家中的人竟然开始争夺起大姐的遗产和遗作,甚至不惜闹上法庭。这一切,在吕碧城看来,和多年前父亲吕凤岐死后,吕氏族人争夺父亲遗产的情景又何其相似。

父母早已逝世,大姐又弃世而去,小妹吕坤秀也在1914年病逝,这一系列的打击对吕碧城来说已经难以承受。自己和二姐素来不和,现在家中的人竟然又开始争夺起大姐的遗产,假若一个男子经历这些,恐怕他尚且不能接受,更何况吕碧城一个弱女子。这一切,让吕碧城开始真正对亲人失望起来。

家中情景不顺,国家也风雨飘摇。一方面日本不断蚕食中国领土,另一方面国内军阀混战,民不聊生,吕碧城对国家亦同样失望。

第八章 只在周游列国间

[1] 故地重游

时光匆匆，转眼到了 1926 年秋天，吕碧城终于开始了自己的第二次海外之旅。还是几年前那样波澜壮阔的海面，还是那样轻轻的风，还是自己曾经最喜欢站的轮船甲板上，只不过吕碧城这次是夜晚站在甲板上。吕碧城望着海上的沉沉夜色，忽然想起自己在出国前前去拜访国内老友时的情景。

吕碧城首先去拜访了自己在哥大时的好友凌楫民，凌楫民听闻吕碧城将要再次远赴欧美，不由一惊，但旋即也只有祝福。他知道，像吕碧城这样的女子，一个地方肯定是不可能留住她的。她的未来、她的远方注定是海阔天空。

吕碧城随后又去拜访了费树蔚和李鸿章之子李经义，二人同样给予了吕碧城深深的祝福，并希望她一路保重，李经义更是写下了一首情深义重的《送吕碧城女士游学欧美》：

隔岁凉风待子归，送行霁月为君辉。
十洲清梦先闪远，一舸新诗雪浪飞。
花雨龙天心上悟，楼台蜃气眼中霏。
离群不尽沧桑感，秋入银河影单微。

在这首诗中,天涯游子的沧桑显露无遗,同时也显露出李经义希望吕碧城在游学欧美之旅结束后早日归国的心情。情谊之深,尽在无言中。

吕碧城最后去拜访的人是袁克文。想当年,袁克文作为大总统袁世凯的二公子,人前人后,风光无限。"寒庐七子",名噪一时,"南有杜月笙、黄金荣,北有津北帮主袁寒云",令人无限羡慕,而他的才华、词曲更是为人称道。但是自袁世凯离世之后,袁家似乎一下子失去了灵魂,当年那个风流倜傥的袁克文,如今抽大麻、逛妓院,变成了人不人鬼不鬼的样子,有时甚至还靠典当家居、卖字、卖画为生。

吕碧城本想与袁克文相见叙旧,但是没承想刚到达袁克文的住所,就被丫鬟赶了出去,吕碧城见到眼前这一情形,只得作罢。

一阵微风吹来,吕碧城的思绪忽然从回忆里飘了回来。眼前依旧是沉沉的黑夜,月光散落下来,随着海浪起伏,波光粼粼,耳边是海浪不断拍打着船舱的声音。世事有时竟如此相似,两年前,吕碧城留学美国的时候正值中秋,而这次出游依旧是中秋,思及此时种种,吕碧城忽然吟道:

不许微云滓太空,万流澎湃拥蟾宫。

人天精契分明证,碧海青天又一逢。

这首诗,后来被吕碧城取名《两度太平洋皆逢中秋》,后来别人谈到写中秋的名作时,也大多会谈到这首作品。

在20个世纪,海上的旅途大多是无聊的,更何况吕碧城到美国的旅程还这样漫长。开始的日子,吕碧城还是看书、写诗,或者在甲板上逛一逛,但是时间一长,日子也难免无聊。幸好,那个时候的电影技术已经日渐发达,吕碧城在实在无聊的时候还可以看看电影,其间,还写下两首诗词——《中秋夜太平洋上观戏为史璜生女士主演之片》《舟中排奇装宴予化妆为中国官吏诸客以彩缕掷予致离席时满身缠绕不良于行众哄为笑》。

前者是吕碧城在看完美国好莱坞著名女星史璜生女士演过的电影后写下的,后者的创作背景是:吕碧城因为打扮奇特引来同船的中国官员玩笑式地向自己丢掷彩带,以至于她离席时行动不便,引起船上乘客哄笑,吕碧城在愤慨中创作了这首诗。

如果前一首算是吕碧城在看完电影之后的感悟的话,那算得上中国现代电影史上最早的影评之一了。而后一首诗则说明吕碧城不论走到哪里都是众人关注的焦点。追求美,是每个女子的天性,亦是天赋人权,这天性不以时间、地点和身处何处而转移。

时间过得很快,大海中航行的日子虽然看似漫长,实际上转眼间就过去了。随着轮船缓缓停下,吕碧城再一次踏上了美国旧金山的土地。

上一次吕碧城到达旧金山的时候,因为时间匆忙,所以在旧金山待的时间并不长,而且很多景点也未去观赏,但是这一次到达旧金山,吕碧城足足在这里待了三个月。一个原因是吕碧城在这里有一份诉讼纠葛需要找律师处理,另一方面是吕碧城想多游览游览旧金山。

在那三个月里,吕碧城先后从旧金山乘船游览了加利福尼亚的三千年古树和红树林,与此同时,吕碧城还在旧金山过了自己第二次出国后的第一个元旦。在把旧金山的事处理好之后,吕碧城开始了下一段旅程。

吕碧城旅程的第二站是洛杉矶。

洛杉矶位于美国加利福尼亚州西南部,是加州第一大城市,常被称为"天使之城"。洛杉矶位于三面环山的一个盆地中,除了少部分丘陵,整体地势平坦,最高的埃尔西峰也不过1548米。洛杉矶东临太平洋东侧的圣佩德罗湾和圣莫尼卡湾沿岸,背靠莽莽的圣加布里埃尔山,是一座典型的山城。

洛杉矶最初是印第安人的居住地,大航海时代,这里渐渐被发现。1542年,葡萄牙探险家到这里之后宣布这里为西班牙帝国所有,至18世纪末期,洛杉矶慢慢成了西班牙的殖民地。19世纪初期,美国人首次到此,但在美国人到此10年后,洛杉矶被划归墨西哥。1846年,美墨战争中墨西哥失败，加利福尼亚州被割让给美国，隶属于加利福尼亚的洛杉矶自然也成了美国的领土。1848 年，伴随着美国西部"淘金热"，大批淘金客移民至此，洛杉矶也因此慢慢发展起来，逐渐发展为工商业、国际贸易、科教、文化、娱乐和体育都非常发达的城市。

提到洛杉矶就不得不提到好莱坞。

好莱坞位于洛杉矶郊外，是一个依山傍水、林木茂盛的地方。在英语中，好莱坞是冬青树林的意思。1886 年，房地产商哈维·威尔考克斯在洛杉矶郊外买下了一小块地。后来他的夫人旅行时听见一个人说自己来自俄亥俄州一个叫作好莱坞的地方。她很喜欢这个名字，回到加州后，就将苏格兰运来的大批冬青树栽在这里，并将她丈夫的农庄改称为"好莱坞"，好莱坞这个名字因此而来。

时间的巨轮缓缓驶过，哈维·威尔考克斯夫妇所居住的地方渐渐开始有人聚集，也慢慢热闹起来。1907 年，一个电影公司在芝加哥拍摄《基督山伯爵》，但是遭遇了恶劣天气，不得不转移拍摄地点，于是导演弗朗西斯·伯格斯便带着剧组整体搬至距洛杉矶西郊 15 公里的圣莫尼卡海滨补拍一些镜头。两年后，该公司的剧组又返回了西部，并在这里拍摄《一个赛马情报员的心事》。该片是第一步在加州境内完成的影片。在该片完成后，塞力格公司整体西迁至此，一些公司也追随其脚步西迁，在这些电影公司里，很大一部分就将公司地址选在了好莱坞。

到 1910 年，导演大卫·格里菲斯带着丽莲·吉许、玛丽·璧克馥等演员到洛杉矶拍影片。他们想找一个环境优美的新地方，在经过一番调查之后，他们也将地方选在好莱坞并在这之后排摄了一系列电影。渐渐地，这里被越来越多的电影公司知晓，更多的电影剧组和电影公司到这里来拍片落户，这其中包括米高梅公司、派拉蒙公司、二十世纪福克斯公司、华纳兄弟公司、雷电华公司、环球公司、联美公司、哥伦比亚公司等著名电影制造公司。

渐渐地，好莱坞开始知名起来。

吕碧城到好莱坞之后，对电影明星自然万分好奇，她甚至还参观了许多电影明星的驻地和明星们所用的拍摄棚，包括查理·卓别林、哈罗德·劳埃德、杰基·库根、道夫·瓦伦蒂诺等人。在所有的好莱坞电影明星中，鲁道夫·瓦伦蒂诺尤其被吕碧城所关注。

瓦伦蒂诺1895年生于意大利，但是他本人为意大利和法国混血。瓦伦蒂诺的早年生活十分坎坷，他的父亲是一名意大利兽医，生活十分拮据。因为他本人性格桀骜，常常在学校闯祸，因此数次被学校勒令退学，后来好不容易才在一所农业学校里混了个文凭。17岁的时候他只身来到巴黎，因为没有收入来源，他干过园丁，当过探戈舞演员，后来经朋友推荐才慢慢踏入演艺圈。

与大多数明星一样，在影视圈没有关系的瓦伦蒂诺一开始也是跑龙套，甚至在演艺生涯的最初几部戏里，他大多是演恶棍流氓的角色，他的第一部戏甚至只是在影片中扮演一个连名字都没有的舞蹈演员。但是颜值是一个演员从事演艺事业最大的资本，尽管只是在影片中露露脸，但是因为长得实在俊美，他还是受到了好莱坞导演们的关注。

1920年，米高梅公司决定筹拍一部预算超过百万美元的电影《启示录四骑士》以改变公司糟糕的财务状况。公司一开始并没有选用瓦伦蒂诺来担纲的想法，但是经过导演雷克斯·英格拉和编剧基恩·马希斯极力坚持，最终瓦伦蒂诺一炮而红，立即成为演艺界的启明星，并拥有了大批粉丝。《启示录四骑士》公映当年，瓦伦蒂诺又得到了一个巨大的发展机会，美国当红女星艾拉·内吉姆瓦点明要他和她搭配出演改编自法国著名作家亚历山大·小仲马的同名作品《茶花女》，这部影片的上映，使得瓦伦蒂诺在迅速走红的同时也成为无数女性的梦中情人。

但是没过多久，瓦伦蒂诺便遭到了质疑。因为长相太过俊美，很多美国媒体一度批判他雌化了美国男性的形象，甚至一度怀疑他的性取向。为此，他甚至还向其中一家名为《芝加哥论坛报》的记者下了战书，要求与那个写文章批判他的作者用拳击比赛做个了断，但是没等到比赛开始，瓦伦蒂诺便因为腹膜炎去世了，当时他年仅31岁。

瓦伦蒂诺的逝世使得无数女性陷入了巨大的悲伤中，在他的遗体告别仪式上，约8万多人赶来为他送别，甚至在瓦伦蒂诺逝世之后，很多女粉丝因为接受不了这个消息而自杀。

作为瓦伦蒂诺的忠实粉丝，吕碧城在得知瓦伦蒂诺逝世的消息之后也是伤心不已，甚至后来在去往欧洲的轮船上，有一天晚上吕碧城竟然梦到了瓦伦蒂诺，醒来后，一阵悲伤久久在吕碧城心中凝聚，她难以入眠，写下了一阕《金缕曲》来纪念这位受万众喜爱的影星：

《伦敦快报》称银幕明星范伦铁诺（指瓦伦蒂诺，系吕碧城根据英文音译）之死，世界亿万妇女赠以涕泪及香花，而无黄金之赗，迄今借厝他茔，不克迁葬。其理事人发乞助之函千封于范氏富友，答者仅六函，予为莞尔。曩予舟渡大西洋，曾梦范氏乞诔（事见《鸿雪因缘》），今赋此阕寄慨，兼偿夙诺焉。

孰肯黄金市？叹荒邱、尘封骏骨，一棺犹寄。知否恩如花梢露，花谢露痕晞矣。况幻影、游龙清戏。人海茫茫银波外，问欢场、若个矜风义？原惯态，是非异。

征韶曾访鸣珂里，黯余春、小桃零落，绮窗深闭。旧梦凄迷无寻处，消息翠禽重递。算吟债、今番堪抵。记取仙槎西来夜，荐灵风、倦枕惊涛里。残酒醒，绛灯炧。

最然追星之事，自古已有，中国古代的"看杀卫玠"更是广为知名，但是一个影视明星，竟能使得无数的女性为之着迷，使得颇为理性的吕碧城为之落泪，不能不说瓦伦蒂诺确是有其迷人之处。

在离开了好莱坞之后，吕碧城乘火车开始了自西向东前往纽约，途经科罗拉多大峡谷、丹佛、芝加哥，横贯美国中部的旅行。在这次长途旅行中，科罗拉多大峡谷给吕碧城留下了很深的印象。

[2] 欧洲漫游

科罗拉多大峡谷位于美国亚利桑那州西北部，科罗拉多高原西南部。科罗拉多高原为典型的"桌状高地"，也称"桌子山"，即顶部平坦侧面陡峭的山。科罗拉多大峡谷大致呈东西走向，蜿蜒曲折，像一条桀骜不驯的巨蟒，匍匐于凯巴布高原之上。它是世界上最大的峡谷之一，同时也是自然界七大奇景之一。科罗拉多大峡谷总面积接近3000平方千米。大峡谷全长446千米，平均宽度16千米，最深处2133米，平均深度超过1500米，总面积2724平方千米。1919年，威尔逊总统将大峡谷地区辟为"大峡谷国家公园"。

科罗拉多大峡谷风景优美，但是基本没有植被，整个大峡谷完全是由从寒武纪到新生代各个时期的岩层构成。更为奇特的是，虽然大峡谷的土壤岩石都为褐色，但是当阳光照射过来时，因为阳光的强弱变化，这里的岩石竟然呈现出不同的色彩，有时蓝色，有时棕色，有时红色，宛若不断变换着色彩的宝石。

吕碧城游览科罗拉多大峡谷的时候正值冬日，天气十分寒冷，谷中除了少量的松树之外，大部分景色都被雪所覆盖。吕碧城披着貂裘，一步一步向山上走去。

科罗拉多大峡谷只有一间名为爱立陶佛尔的旅馆，这座旅馆建立在山巅，虽然外部装修一般，但是内部装修十分精致，竟然全是松树实木所筑，而且还不曾刷漆。

吕碧城在闲暇的时候会和朋友一起在山顶赏景，当她向下看时，虽然有护栏护着，她仍不由得惊出一身冷汗。科罗拉多大峡谷的宏伟与壮观给了吕碧城极大的震撼，她甚至一再感叹人类的渺小和天地的浩瀚。

在游览过科罗拉多大峡谷之后，吕碧城在美国又待了五个月，在这五个月里，她继续游览了很多名胜，直到1927年2月才开始了欧洲之旅。

吕碧城此次前往欧洲走的是海路，乘"奥林匹克"号巨轮横渡大西洋。大西洋一向风高浪急，但是吕碧城这一班巨轮的运气很好，刚开始的两天，风平浪静，海浪轻轻拍打着船舱，但是到了第三日，大西洋上天气骤变，风浪忽然大了起来，"奥林匹克"号也颠簸了起来，吕碧城晕船晕得厉害，因此只能躺在床上。与吕碧城同船的朋友好心送过来鲜花，没想到吕碧城竟然对鲜花过敏，更加难以入睡。

所幸海上的风雨来得快去得也快，不多时船便安稳了下来。吕碧城也渐渐进入梦乡。"奥林匹克"号一连在海上航行了数天，最终在英国南安普敦港口停靠下来。在这次航行中，吕碧城结识了不少朋友，其中有一位朋友叫安尼司。安尼司虽与吕碧城乘的是同一趟船，但是他的目的地和吕碧城截然不同。安尼司的目的地是英国首都伦敦，而吕碧城则想去法国首都巴黎。

下船之后，安尼司担心吕碧城人生地不熟，因此特地安排了自己在法国的朋友谷赛夫妇为吕碧城引路，他们本来早已订好了车票，因为朋友之托他们退掉了自己订好的车票，与吕碧城同行。其后几人又换乘小艇，登岸之后，谷赛夫妇的女婿开车前来迎接。谷赛夫妇又嘱咐女婿将吕碧城送达旅馆，夫妇二人则自己打车走了。不得不说，有时候吕碧城真是幸运，不仅在旅途中遇到了安尼司这样热情的朋友，更遇到了谷赛夫妇这样努力践行朋友嘱托的好人。

在巴黎，吕碧城游览了许多地方，让吕碧城印象最为深刻并记载在了自己笔下的，是举世闻名的埃菲尔铁塔。

埃菲尔铁塔矗立于塞纳河南岸法国巴黎的战神广场，1889 年落成，除了四个脚是用钢筋水泥之外，该塔全身都用钢铁构成。埃菲尔铁塔从塔身到天线总高 324 米，是巴黎最高的建筑物。同时它也是世界著名建筑之一、法国文化的象征之一、巴黎城市的地标之一，并被法国人爱称为"铁娘子"。

吕碧城亲自登上了埃菲尔铁塔，站在高处俯视整个巴黎的繁华与热闹，只是不知为何，在游览埃菲尔铁塔的时候，她的心中竟陡然生出一股苍凉的情绪来，并写下了这首《解连环·巴黎铁塔》：

万红深坞。怕春魂易散，九州先铸。铸千寻、铁网凌空，把花气轻兜，珠光囤聚。联袂人来，似宛转、蛛丝牵度。认云烟缥缈，远共海风，吹入虚步。

铜标别翻旧谱。借云斤月斧，幻起仙宇。问谁将、绕指柔钢，作一柱擎天，近衔羲驭。绣市低环，瞰如蚁、钿车来去。更凄迷、夕阳写影，半捎蒨雾。

游览完法国巴黎，吕碧城随即确定了自己欧洲之行的第二站——瑞士日内瓦湖南岸的小镇蒙特勒。

在游览完法国之后，吕碧城多少积累了一些旅游的心得，她总结为两个方面：一是交通的重要性。为了好好地游览欧洲各国，吕碧城专门购买了柯克公司出售的轮船和铁路等价券，这种等价车券可以在两个月内自由使用。二是语言的重要性。为此，吕碧城还专门在巴黎请了一个会说法语的美国朋友帮自己办理行李托运。

吕碧城是在傍晚的时候抵达瑞士蒙特勒的。蒙特勒是瑞士名胜之一，颇具名气。吕碧城按照"美国转运公司"职员的指点，在车站旁边的一家旅馆暂住下来。

吕碧城是在清晨醒来的，清晨的蒙特勒在吕碧城眼中也是最美的。蒙特勒的湖光山色自成一体，朝霞映照在不断起伏的水面上，荡起一圈色彩斑斓、波光粼粼的涟漪。吕碧城忽然想起了一句古诗："晓来江气连城白，雨后山光满郭青。"那情景，大概与吕碧城眼前所见之景大致类似。过了一会儿，日头渐渐升了起来，吕碧城想起了唐人的诗句："漠漠阴云向晚开，青天白日映楼台。曲江水暖花千树，为底忙时不肯来。"

吕碧城除了十分喜欢蒙特勒的风景之外，对于蒙特勒的地理环境也有所了解。蒙特勒前方是日内瓦湖，并且那里建造了很多大旅馆，旅馆的门前大多都有花园，花园中花草遍植，灿烂如锦，十分美丽。蒙特勒西边是维勒讷沃，东边是沃韦，有电车来往于两地之间。

虽然蒙特勒的风景十分优美，但是吕碧城在这里待的时间并不久，只在这里逗留了三天，吕碧城便开始奔赴自己的下一个目的地——意大利米兰。

在离开之前，吕碧城还特意为这里留下了一首诗作《日内瓦湖短歌四截句》和一首词作《玲珑四犯·日内瓦之铁网桥》，算是对这次瑞士之行的纪念。

谁调浓彩与奇香，造就仙都隔下方。
海映花城腾艳霭，霞渲雪岭炫瑶光。
鸣禽合奏天然乐，静女同羞时世妆。
安得一廛相假借，余生沦隐水云乡。

虹影牵斜，占鹫岭长风，长缕轻飔，谁炼柔钢，绕指巧翻新样。还似索挽秋千，逐飞絮、落花飘荡。任冶游、湖畔来去，通过画船双桨。

步虚仙靥传清响。渡星娥、鹊群休傍。旧欢密约浑无据，春共微波往。为问倚柱尾生，可识尽、当年情障。锁镜澜凄黯，回肠同结，万丝珊网。

[3] 时尚之都

吕碧城在到达米兰之前还曾在孝贞斯特雷萨住过一晚,但是当吕碧城在这里下车时,发现这里实在没有什么好看的。她只在这里的旅馆歇息了一宿,第二天便又起程赶往米兰。

但是当吕碧城到达米兰时,却发现这里的旅馆已经住满了人。原来,此时的意大利正在举行一项大型赛事,而且恰逢意大利王储驾临米兰,所以游人如织。人一多,吕碧城也就没了游览米兰的心思,而是开启了下一站的行程——佛罗伦萨。

佛罗伦萨是欧洲文艺复兴的发祥地和歌剧的诞生地,同时亦是著名的世界艺术之都。佛罗伦萨一直保持着很多中世纪的建筑,全市有 40 多座博物馆和美术馆,其中乌菲齐和皮提美术馆举世闻名,世界第一所美术学院、世界美术最高学府佛罗伦萨美术学院更是蜚声世界。从地理上来说,佛罗伦萨是意大利的原首都,而且还是意大利连接南北的重要铁路枢纽。

吕碧城前往佛罗伦萨的时候发生了一件趣事。一个年轻的铁路翻译在一次帮助吕碧城之后问她是哪个国家的人,吕碧城回答:"中华。"那个人十分好奇,说道:"你长得这么漂亮,像是欧洲人,根本一点都不像华人。"这次对话引发了吕碧城对于欧洲人对华人的印象的好奇。

吕碧城:
我到人间只此回

[196]

这样的思考一直持续到吕碧城住进自己的旅店。在旅店安顿下来之后，她来到了旁边的餐馆，想要一杯热牛奶，因为语言不通，吕碧城尝试和这家店里的服务生沟通了好久，他还是不能明白吕碧城的意思。最终，吕碧城只得无奈地用笔在纸上画了一头牛，然后又用纸卷成杯子状示意自己要喝牛奶，服务生这才明白她的意思。吕碧城只懂英语，但是欧洲很多国家都有自己的语言，因此这样的情形常常发生，这也显示出了吕碧城的聪明和机智。

吕碧城在佛罗伦萨游览完之后，去了意大利的首都罗马。

罗马是世界文化的发源地之一，人称"万城之城"，位于意大利半岛中部，建于将意大利半岛分为东西两部分的亚平宁山脉西部。罗马依台伯河而建，曾几度毁灭和复兴。同时，它与佛罗伦萨同为意大利文艺复兴中心之一，有着丰富的文化遗产。据统计，这里有多达700座修道院、7所天主教大学，天主教皇和教廷的驻地、举世知名的梵蒂冈，也位于罗马。

作为一座古城，罗马虽然几经毁损，但是现今依旧保留着巴洛克风貌和大量的文艺复兴时期的建筑。城内的剧场和斗兽场多如繁星，比如弗拉维安半圆形剧场、罗马斗兽场、大杂技场、万神殿、戴克里先公共浴场等。因为文化遗产丰富，1980年，罗马的历史城区被整体列为世界文化遗产。

吕碧城来到罗马，宛如进入了一个全新的世界。这里和国内的建筑风格截然不同，文化也有着自己的特点。

吕碧城在罗马的行程有详细的安排，初来罗马的那天，吕碧城休息了一天，第二天就开始在罗马城内闲逛，随后两天依着地图在罗马城内游览景点，至第五日吕碧城拜访了中国驻意大利公使朱兆莘，并在驻罗马的中国官员的帮助下办理了居留证。

罗马之行，吕碧城虽然前后游览了古罗马斗兽场、圣彼得大教堂、加波昔尼教堂、卡比托利欧博物馆等名胜，但是让吕碧城印象最为深刻的是罗马的教堂，其中加波昔尼教堂给了吕碧城极大的震撼。因为加波昔尼教堂内布满人骨，四周墙壁和屋顶都是以人骨为装饰。虽然加波昔尼教堂看起来十分惊悚,但是吕碧城不害怕,还以手去触摸,去感知。在离开加波昔尼教堂之后,或许是因为太过震撼,吕碧城忽然感叹道:"身居世间,人生观当大彻大悟,阿堵物应淡忘也。"

恐怖的东西虽然有时候看起来不那么美好,但是有时候也能给人一定的感悟。

正当吕碧城沉浸在游览古城罗马名胜的惬意中时,巴黎的朋友忽然传来消息,说有事情让她回去处理,吕碧城只得离开了罗马乘车返回巴黎。

返回巴黎之后,吕碧城大概花了15天的时间处理完事情,随后由法国前往瑞士和意大利等国。吕碧城重返瑞士和意大利等地的打算是将之前未游览过的风景游览一遍。吕碧城乘车至法国和瑞士的交界处贝勒加德时,本来想下车游览一番,车上的乘客制止了她,因为不懂当地语言,吕碧城半天没弄清楚乘客的意图,在一个英国人的帮助下,吕碧城这才知道原来这里有当地官员检查护照。吕碧城只得待在车上。

虽然中途经历了一些杂事,吕碧城还是顺利到达了日内瓦。

日内瓦位于日内瓦湖的西南角,被阿尔卑斯山脉和侏罗山脉所环绕,是瑞士的第二大城市,国际联盟的总部便设立于此。日内瓦风景优美,尤其以湖光山色秀美而闻名。日内瓦是国际旅游大都市,常年游客如织。

吕碧城在日内瓦待了约半个月,在这半个月里,有一件事让吕碧城后来想起来依旧后怕。有一次,吕碧城沿日内瓦湖散步,一个当地少年邀请她一起去湖上泛舟。吕碧城虽然也想去,但是向那少年表示自己只带了三个小银角,费用恐怕不够,不料那少年竟不收吕碧城的费用,吕碧城略一思忖,然后欣然上船。在船上看日内瓦湖时,与在岸上对比起来自然别有一番新奇的感觉,岸边的树木倒映在水中格外美丽,吕碧城见眼前此景,觉得这景色竟颇似柳永的名句——"杨柳岸,晓风残月"。但是过了不久,或许是因为这些天来一直在赶路,吕碧城觉得有些倦了,想要返回岸边,那少年便让她躺在船上休息,并用自己的大衣将她盖上,然后躺在了她的对面。吕碧城担心来来往往的船只会撞到自己乘坐的这条船,但是没想到那少年竟说:"这里的景色如此优美,假如人生归于此处的话也很好,你就那么看重生命吗?"这句话让吕碧城气急败坏:"你不划船,我自己来好了。"随后吕碧城将船划到了岸上。

有时候,两个文化背景不同的人对于生命的看法也大不相同。那少年觉得即便葬身此处,也是很好的归宿,但是对于吕碧城而言,这世界如此美好,因此人更应该珍惜自己的生命。

日内瓦距离蒙特勒不过两三个小时的车程,吕碧城在火车上想起她游览日内瓦的情景,不由写下了《日内瓦湖短歌》四截句:

> 歌舞沸湖滨,约盟联国际。文轨万方歧,未履三千会。
> 循环数七桥,七桥有长短。桥短系情长,桥长乡糜远。
> 盖世此喷泉,泉头天畔起,溅玉复飞珠,莲花和泪洗。
> 今日到湖头,昨宵宿湖尾。头尾尚相连,坠欢如逝水。

[4] 古城庞贝

吕碧城第二次到蒙特勒，距离上一次不过两个月的时间。上一次离开蒙特勒之后，吕碧城以为自己永远都不会再到这个地方了，但是没想到这次竟然还有机会到这里。这次来蒙特勒，吕碧城主要是想完成自己上次在蒙特勒未完成的一个愿望，那就是登雪山。

吕碧城是在清晨乘着火车前往蒙特勒雪山的，火车沿着雪山而上，路上松树、野花与山间的白雪自成一色，在山色间，吕碧城还发现了一种纤细的蓝色花朵，这种蓝色花朵名为"长相思"。火车停下之后，一位德国男士友善地扶吕碧城下车，吕碧城开始步行赏景。吕碧城上身虽然穿着厚厚的大衣，但是下身却只穿着薄薄的丝袜，因此难免感到寒意刺骨。经过一番攀登，吕碧城终于到达了山巅，与她一同到达山巅的那位德国男子冒险从山间摘了一朵"长相思"送给吕碧城，希望她以后和他多多联系，但却被吕碧城糊弄过去了。

游览完雪山之后，吕碧城又下山在山脚赏玩了湖景，在湖边的时候吕碧城发现了钓鱼的渔人，吕碧城以五分小银币想要从渔人那里购买一尾鱼，但是渔人却坚辞不受，而是送给了吕碧城一条鱼，吕碧城在得到这条鱼之后将它放了生。

第二次游览过蒙特勒之后，吕碧城去了米兰。上次到米兰的时候，因为该地正在举行活动外加王储驾临而导致人满为患，吕碧城这次到米兰，因为天气炎热，也只是匆匆游览了米兰大教堂之后便离开了。然后吕碧城乘车重返罗马，接着又直接由罗马转往了那不勒斯。

那不勒斯位于意大利南部，是意大利南部的第一大城市。该城历史悠久，风光秀丽，是地中海地区最著名的风景区之一，被人们称为"阳光和快乐之城"。

那不勒斯有两大名胜古迹，一为维苏威火山，一为庞贝古城。

维苏威火山位于意大利南部的那不勒斯海岸，是世界上最著名的活火山之一，同时也被称为"欧洲最危险的火山"。而庞贝火山同样位于意大利南部，在维苏威山火山东南10千米处。公元79年，维苏威火山有过一次喷发，庞贝古城在这次火山喷发中被掩埋，约两万庞贝古城的居民死去。16世纪末期，人们在萨尔诺河畔修建饮水渠时发现一块上面刻有"庞贝"字样的石头；到18世纪初期，人们在维苏威火山脚下的一座花园打井时发现了三尊衣饰华丽的女性雕像，但当时人们以为这不过是那不勒斯海岸古代的遗址。直到18世纪中叶，当人们从火山灰中挖出了被火山灰包裹着的人的遗骸时，他们才意识到原来这里曾经有一座古城因维苏威火山的喷发而被掩埋，人们开始慢慢发掘庞贝古城，无数保存完好的尸体被挖掘出来，消息顿时震惊了整个欧洲，这里也慢慢成为世界知名的旅游胜地。

吕碧城先到达庞贝古城，在游览完庞贝古城之后，才启程去往维苏威火山。从庞贝古城到维苏威火山约两个小时的车程，还未到维苏威火山，吕碧城便已经看到了路旁黑色的礁石，又行了一段时间，吕碧城才抵达目的地。维苏威火山呈现莲花状，火山口下面白烟滚滚，宛如晴日白云，火山中隐隐约约呈现一缕红色，那是不断汹涌的岩浆。

第八章
只在周游列国间

站在火山口上，吕碧城见到眼前壮观的景象，当即写了一首绝句：

玉井开莲别有山，无穷劫火照尘寰。
年来万念都灰烬，待与乾坤大涅槃。

从维苏威火山离开之后，吕碧城返回了罗马，在罗马小住一段时间之后，吕碧城去了有着"水上都市"之称的威尼斯。

威尼斯位于意大利的东北部，是意大利著名的旅游和工业城市。威尼斯因水而得名，据有心人统计，威尼斯共有117条纵横交叉的水道，因为水道众多，所以船便成为这里唯一的交通工具。水是威尼斯的一张名片，但是仅仅有水的话显然不足以使威尼斯成为著名的旅游城市——更让人瞩目的是威尼斯的名胜古迹。威尼斯的名胜古迹多种多样，教堂、钟楼、修道院、雕塑不计其数，而且很多音乐家、画家、作家都曾在这里留下自己的足迹。

在威尼斯，吕碧城印象最深刻的是圣马可广场。

圣马可广场是威尼斯的中心广场，由公爵府、新旧行政官邸大楼、圣马可大教堂等从中世纪到文艺复兴时期的建筑和威尼斯大运河所围成。每当威尼斯有政治、宗教和传统节日等公共活动的时候，人们就会在这里齐聚。

与圣马可广场临近的还有德加皇宫和叹息桥。传闻叹息桥是被判决的犯人去往监狱的必经之桥，犯人们在经过这座桥时往往会叹息悔恨，该桥因此而得名。

入夜，圣马可广场的灯火点亮，广场上开始热闹起来。吕碧城漫步在圣马可广场上，望着那些欢笑的人们，自己的嘴角也勾起了一抹微笑。广场上有几千只鸽子，这些鸽子不怕生，当人们给他们喂食的时候，它们很自然地从游人的手中啄走食物，有的鸽子甚至直接停在人们的手腕和肩膀上。有时鸽群一起飞起来，遮天蔽日，也是一道美景。

　　吕碧城在威尼斯停留的时间并不算长，只有短短两日，随后她启程去了下一个城市——"音乐之都"维也纳。值得一提的是，从威尼斯去维也纳的路途中吕碧城第一次选择了乘坐飞机。第一次乘坐飞机的感觉自然是新奇的，但是到了维也纳之后，吕碧城的旅途却不那么愉快了。吕碧城到维也纳时恰逢奥地利社会党和保守党冲突，工人们的大游行、大火和枪声占据了吕碧城在维也纳的记忆，吕碧城甚至因为社会党和保守党的这次冲突而滞留维也纳，直到五天之后才得到机会离开。

[5]鸿雪因缘

吕碧城离开维也纳之后在德国柏林游玩了一段时间,但随后因为突发疾病,被医生告知要进行胃部切除手术,吕碧城便又返回巴黎进行准备。返回英国之后,吕碧城又去游览了伦敦,但那里的空气状况十分糟糕,因为工业化的发展,那里整天烟雾缭绕,吕碧城在伦敦常常会感到眼睛疼和嗓子不舒服。

时间转眼便到了1928年,这一年吕碧城依照和德国医生的约定,在德国柏林进行了手术。和很多年前在北京听谛闲法师讲经时自己生病一样,吕碧城这次手术之前,心境亦十分凄凉,她甚至还给自己在国内的好友费树蔚去信托付身后之事:

胃疾久淹,将付剖割,脱有不幸,则身后之事,宜略经纪,丛残著作,付讫为先。

一个人在遭逢大病的时候对自己的人生似乎总是不自信的,即便吕碧城是一个如此坚强的女子。在游览过欧洲这么多名胜古迹之后,吕碧城对这个世界的眷恋越发深了起来。

吕碧城:
我到人间只此回

所幸，吕碧城这次的病虽然看似严重，但是德国医学在当时的确是走在世界前沿的，因此吕碧城的手术非常成功，不久之后，她就慢慢恢复了健康。

手术之后，吕碧城返回了巴黎，居住在格兰德旅馆。不久之后吕碧城又去了蒙特勒，并在那里安置了新居专门养病。

吕碧城在蒙特勒养病时间长达两个月。

那段时间，吕碧城一边欣赏蒙特勒的湖光山色，一边整理着一年多来自己在欧洲的旅行笔记。1929年，吕碧城将这些游记整理成书并命名为《鸿雪因缘》（又名《欧美漫游录》），在哥大校友凌楫民的帮助下连载于北京《顺天时报》和上海《半月》杂志。因为当时国人还未像今天这样对欧美有所了解，再加上吕碧城这本书不仅写了欧美的名胜古迹，还写了欧美多地的风俗人情，再加上吕碧城文笔优美、笔记翔实，《鸿雪因缘》推出连载之后大受欢迎。

或是因为蒙特勒风景秀丽，吕碧城每日看着这些风景，心情也十分舒畅，身体慢慢好转起来。身体逐渐恢复健康之后，恰逢日内瓦有一件事需要她去办，因此她的旅程又一次开始了。

在离开蒙特勒之前，吕碧城再次前往雪山游览了一次，只不过这次游览和上一次的心情大不相同，如果说上次是夙愿得偿的兴奋的话，那么这次便多了一些深层次的思考。她甚至还突发奇想：今年自己看到的雪是否是去年的雪？

寒锁玉嵯峨。掠眼星辰堪撷。散发排云直上。闯九重仙阙。再来刚是一年期。还映旧时雪。说与山灵无愧。有襟怀同洁。

再次到日内瓦的时候，吕碧城特意选了上次自己住过的旅馆。在旅馆安顿下来之后，吕碧城想要入睡，但是街市上一直有汽车开过，汽车喇叭一直响个不停，加上她所住的这家旅馆可能在热闹的市区，旁边就是一个大剧场，笙歌不断，使得吕碧城久久不能入眠。不知过了多久，外面的剧场终于打烊了，街市上的车辆也渐渐少了，吕碧城的心上忽然掠过一抹悲伤，原来热闹之后的清冷竟然空寂至此。

过了很久，吕碧城依旧睡不着，思前想后，她铺开纸笔，在纸上写了一阕《满庭芳·日内瓦湖畔残夜闻歌有感》：

倦枕欹愁，衾滞梦，小楼深锁春寒。笙歌绕院，咫尺送喧阗。想见华筵初散，怎禁得、酒冷香残。空剩了。深宵暗雨。淅沥洗余欢。

愁看，佳丽地。帷灯匣剑，玉敦珠槃。怕人事年光，一样阑珊。慢说霓裳调好，秋坟唱，禅味同参。疏帘外，银澜弄晓，江上数峰闲。

在日内瓦的这段时间吕碧城过得非常快乐，除了每日在城中各处游览之外，吕碧城还参加了当地的"百花会"。就在吕碧城玩得正开心的时候，国内忽然传来了一条令她十分愤怒的消息——吕碧城的词稿被人"窃取"了。

原来，她不在国内的这段时间里，《新闻报》分别在 4 月 27 日和 6 月 4 日这两天未经她的同意便刊登了她的作品，有的人直接将吕碧城的作品加以删改，然后直接换上了自己的名字，甚至有的报纸直接伪造他们和吕碧城的通信发表在自家的报纸上来提高报纸的销量，并以此牟利。

吕碧城得知这个消息时自然气愤非常，但是她人远在国外，直接回国处理这些事情又要花很长时间，而且在经历了欧美各国的旅游之后，吕碧城大概将很多事情都看开了，虽然很愤怒，但又无力改变，吕碧城只得使自己慢慢淡忘这些东西，远离这些苦恼。

吕碧城：
我到人间只此回

第九章 人间只此一回逢

[1] 慈悲之心

　　1929年5月，吕碧城接到了一份让她激动的邀请函，一份来自国际动物保护协会的邀请函。这封邀请函的内容是邀请吕碧城前往奥地利首都维也纳参加国际动物保护大会。

　　吕碧城自然不会无缘无故接到这样一封邀请函。事实上在1928年，吕碧城便已经参加了世界动物保护委员会，并决心创办中国保护动物会。

　　1922年，吕碧城归国的时候家里曾经养过一只名为"杏儿"的小狗，这只小狗全身毛色金黄，十分可爱，同时也十分黏人。小家伙如此可爱，一向孤独的吕碧城自是喜欢得紧。有一次，杏儿在街上玩耍时不小心被一个洋人碾伤了，吕碧城十分生气，甚至聘请了律师和洋人交涉，而且还逼迫洋人将杏儿送至兽医院进行检查，直到洋人达到了她的所有要求她才罢休。后来吕碧城离开上海时，将杏儿交给了朋友寄养，并一再嘱托朋友要好生照顾杏儿，但是天不遂人愿，在吕碧城离开上海之后，那位朋友给吕碧城去了一封信，告诉她杏儿病死了，朋友将她埋葬在了郊外。吕碧城听到这个消息之后伤心万分，并亲自为杏儿写下了一首纪念诗：

> 依依常傍画群旁，灯影衣香忆小窗。
> 愁绝江南旧词客，一犁花雨葬仙庞。

古人云："人之初，性本善。"大凡是人，在他出生的时候，应该是善良的。他们知道什么是残忍，什么是血腥，什么是黑暗，只不过后来某些人因为社会或者家庭的影响慢慢变得冷漠，不再重视其他物种的生命，但是大多数人却依旧保持着这份对天地万物的善良，只不过因为时间的磨砺，这种善良只会在特定的物种甚至特定的时间表现出来。但是这种善良，依旧存在。

从吕碧城聘请律师为杏儿和洋人交涉这件小事来看，吕碧城走上护生这条路绝对不是偶然的，而是在很早以前就埋下了种子，只等待一个合适的时机，这颗种子便会破土而出，最终长成参天大树。1928年，对于吕碧城心中的那颗护生的种子来说，似乎就是一个绝好的机会。

就在这一年的冬天，吕碧城在伦敦《泰晤士报》上看到了一则关于"皇家禁止虐待牲畜会"的消息。吕碧城将这条消息读完，心中想要护生的那个念头终于再次蹦了出来。当即她就写了一封信参加这次讨论，并表示不仅要禁止虐待动物，更要限制杀戮。

就在那年冬天的12月11日和21日，吕碧城分别给伦敦"皇家禁止虐待牲畜会"和美国"芝加哥屠牲工会"去了两封信，并建议应当提倡素食，减少杀戮。万不得已要杀害动物时，应当尽量采取科学的方法减少动物的痛苦。事实上吕碧城的这些建议在现在看来依旧是非常可行的。

吕碧城的这两封信迅速得到了伦敦"皇家禁止虐待牲畜会"总书记费好穆的回复，在信中他不仅表示了对吕碧城想法的赞同，更以求教的态度向她询问减少动物的死亡痛苦的科学方法，而且他还给吕碧城寄来了他们学会的一些刊物，希望能够给吕碧城提供一些帮助。

在决心护生之后，在那一年的圣诞节，吕碧城终于下定决心成为一名素食主义者。

在接到国际动物保护协会的邀请函之后，吕碧城应邀出席了那次会议。在那次会议中，曾经有一个女职员建议吕碧城只用提禁止虐待动物，不必提戒杀，但是这个女职员的建议遭到了吕碧城的驳斥，她对这个女职员表示，自己这次应邀参加国际动物保护会是发表演说、阐述自己的观点的，假如和别人的观点相同，那又有什么意义呢？女职员顿时哑口无言。

5月12号，大会安排参加会议的人员观看了影片《佛教保护动物之旨》。吕碧城认认真真将影片看完，然后向讲解这部影片的德国人安克白兰德询问影片最后一幕上的那个佛像来自哪里，安克白兰德回答："印度。"但是吕碧城分明看到影片中有"涅槃"二字。但是因为时间比较紧张，吕碧城没有来得及多问。

在观看了影片后的第二天，大会代表开始上台演讲。在认真听了前两个代表的发言之后，吕碧城也上台演讲。台上的吕碧城，衣着华丽，气质高贵，让参与会议的代表不由眼前一亮。当吕碧城开始发言时，他们更被眼前这个女子所震惊，因为她虽然来自遥远的东方，但是一开口却说的是流利的英语。吕碧城的演讲抑扬顿挫，条理清晰，台下的与会者多次鼓掌。吕碧城演讲完之后，台下更是响起了雷鸣般的掌声，甚至很多人直接跑到吕碧城面前要求合影和签名。

演讲完之后，吕碧城并没有直接离开维也纳，而是观看了一场有关护生的电影，随后又和与会者一起参观了维也纳郊外的巴登，并接受了市长的吻手礼。

在大会正式结束之后，维也纳一家名为《Der Tag》的报纸报道了吕碧城在这次维也纳国际动物保护大会上的表现："会中最有兴味、耸人听闻之事，为中国吕女士之现身讲台，其所著之中国绣服裔皇矜丽，尤为群众目光聚集之点。"

在吕碧城参加维也纳国际动物保护大会的同年，她的《鸿雪因缘》和《吕碧城集》两部作品也完稿并付梓，哥大好友凌楣民为她的《鸿雪因缘》作了提跋。

吕碧城：
我到人间只此回

[210]

[2] 皈依佛门

人生之于每个人，就像是一场长途旅行，在这场旅行中，有的人渐渐走得累了，停了下来；有的人渐渐迷失了自己的方向，有的人甚至在行了一段路程之后与自己的出发点渐渐背道而驰，只有很少的那么一部分人才能找到自己的归宿。但是归宿这个词对于每个人来说都有着不同的意义，甚至有时候，归宿这个词，对于每个人的每个人生阶段都有着不同的意义。年少时努力读书，为未来打好基础是少年时的归宿；追逐自己的梦想，努力让自己的青春变得更加精彩是青年时的归宿；对于中年人来说，勤勤恳恳工作，尽心养育下一代就是他们的归宿；对于老年人来说，在闲暇时安静地总结自己的人生，回忆自己的人生有时也是一种归宿……

但是对于吕碧城来讲，她的归宿又在哪里呢？年轻时的她写作，争取女权，创办北洋女子公学……到中年又留学美国，漫游欧美，积极参与护生活动……漂泊了大半生，她的灵魂又当安放在哪里？

这个问题，直到1930年，吕碧城才给出了答案。皈依佛门——这就是她最终的归宿，她的灵魂、她的信仰亦被安放在此。也就是在这一年，时年48岁的吕碧城正式皈依三宝，成为在家居士，得法名曼智，自号"宝莲"。

其实吕碧城最终皈依佛门,并不突兀。早年时她曾经和中国近现代道教领袖人物陈撄宁有过一段渊源,甚至还差点踏进道门,只可惜缘分这个事难以琢磨,她从道家这里没有得到自己的人生答案,自然便开始从其他的地方寻找。而1918年在北京听谛闲法师讲经,反倒是给了吕碧城苍茫而漂泊的灵魂一点亮光。那个时候的她,大概就已经在冥冥之中走向了佛道。

1927年,吕碧城在伦敦旅行时,一个朋友偶然在街头"捡得印光法师之传单,及聂云台君之佛学小册",朋友对此不屑一顾,并表示现在已经无人信这个东西,但吕碧城却立刻回答:"我要!""遂取而藏之,遵印光法师之教,每晨持诵弥尊圣号十声,即所谓十念法。此为学佛之始。"

1930年春天,吕碧城在《与西女士谈话感想》中亦曾流露出皈依佛教的意图:"彼询予是否佛教信徒,答以所谙甚浅,唯戒杀宗旨与吾本性契合,则不妨皈依之。"

皈依后的吕碧城开始从事研究佛法、翻译经文、弘扬佛法的工作。在潜心佛法的那段时间里,吕碧城先后译著了《观无量寿佛经释录》《观音圣感录》等作品。与此同时,吕碧城还大力宣扬护生戒杀,食用素食,渐渐地吕碧城在欧美开始出名起来,很多报纸、杂志对吕碧城进行了专门报道,甚至还有欧美国家的信徒前来中国受戒。

1930年,吕碧城介绍素食主义、戒杀护生的作品《欧美之光》由上海佛学书局付梓发行。吕碧城在这本书中充分宣扬了自己护生、食素、学佛的想法,并号召大家也能和她一起来践行这些好的想法。

因为研究佛学,吕碧城还结识了一大批好友,这其中既有王季同这样曾经留学英国的学者式信徒,同样也有常惺法师、太虚法师这样佛法精深的大和尚。吕碧城时常向两位大师讨教,而常惺法师和太虚法师也乐于给吕碧城作答。

虽然此时的吕碧城已经潜心研究佛法了,但是她也并未落下写词,在这一时期,她的诗词水准又提升了一步,作词的境界也与以前截然不同。

一阕《夜飞鹊》,便已然显示出吕碧城在研究佛学之前和研究佛学之后的不同：

夜飞鹊春魂碪尘网，谁解连环？参彻十二因缘。还凭四谛说微旨，拈花初试心传。迦陵妙音啭，警雕梁栖燕，火宅难安。何堪黑海，任罡风、罗刹吹船。

观遍色空昙艳，幻影更何心，往返人天。回首飙轮万劫，红酣翠腻，销与云烟。阿罗汉果，证无生、只有忘筌。似蝶衣轻褪。金针自度，小试初禅。

如果说吕碧城之前的诗词都带着强烈的个人情感和意愿，那么在这首词中，吕碧城真正看透了尘世，看透了风云，那颗漂泊已久的心在此时也终于安定下来。

1932年夏天，吕碧城的胃病又犯了。医生劝她停下手头的工作，好好休息，然而吕碧城并不喜欢无所事事，在百无聊赖之际，吕碧城填了一阕《霜叶飞》：

十年迁客沧波外，孤云心事谁省？成词赋已无多，觉首丘期近。望故国，兵尘正警。幽栖忍说山林隐。听夜语胡沙，似暗和，长安乱叶，远处霜讯。

不分红海归来，朱颜转逝，驻景孤负明镜。但赢岩雪溅秋寒，上茂陵丝鬓。算一样，邯郸梦醒。生憎多事游仙枕。指驿亭，无归路。马首云横，锁蓝关暝。

迁客骚人，天涯浪子。在《霜叶飞》这阕词中，吕碧城的沧桑心境得到了真正展现，同时也流露出吕碧城对于正处在战乱中的祖国的思念。

1932年秋，吕碧城的《晓珠词》二卷本付梓发行，吕碧城为自己这部作品作了序：

右词二卷，刊于己巳岁杪，迨庚午春，余皈依佛法，遂绝笔文艺。然旧作已流海内外，世俗言词，多违戒律，疚焉于怀，乃略事删审，重付锓工，虽绮语仍存，仍蕴微旨，丽情所托，大抵寓言，写重瀛花月，故国沧桑之感。年来十洲浪迹，瓌奇山水，涉览略遍，故于词境，渐厌横拓，而耽直陟，多出世之想。闻颇有俗伧，揣以俗情，妄构谣诼，爰为诠释，以辟其误，西昆体晦，自作郑笺，恨未能详也。卷尾若干阕，乃今夏寝疾医舍无聊之作，遣怀兼以学道，反映前尘，梦幻泡影，无非般若，播梵音于乐苑，此其先声，倘亦士林慧业之一助欤。

王侯名爵，英雄豪杰，到头来不过一抔黄土；倾世美女，祸水红颜，到头来也不过是红粉骷髅。在经历了半生的漂泊之后，吕碧城真正在佛法中找到了人生的答案，正如她自己在《晓珠词》的序中所写的那样——"梦幻泡影"。

[3] 物是人非

历史从来不会因为你是谁而停下，时间的指针转眼便到了 1933 年，此时的吕碧城已经 51 岁了，这个时候的她已经离开祖国 8 年了。

天涯路远，故国情深。

随着吕碧城年纪渐长，她对祖国的思念之情也越发浓了起来。虽然那片土地当时正战火纷飞，军阀割据；虽然那片土地当时正风雨飘摇，人民困顿；虽然那片土地距离自己万里之遥……但是那片土地有自己的亲人，有自己的故友，有自己曾经点点滴滴的记忆……她忘不了那片养育过自己的土地，忘不了那些人，忘不了那些事。虽然祖国距离自己万里之遥，可是当吕碧城想念那个地方的时候，她还是出发了。

想你的时候，不论千山万水，天涯海角，我都将到达。

吕碧城顺利回到了祖国，回到了上海。此时的中国正处在风雨飘摇中，两年前，日军悍然发动九一八事变，侵占了中国东北，致使东北三省生灵涂炭，民不聊生。但是 20 世纪 30 年代的上海却是乱世中的繁华之地，百乐门夜夜笙歌，街市上行人、车马川流不息。政客、商人、黑帮分子，三教九流的人物齐聚在此，想要一飞冲天。

但是回到上海之后的吕碧城，对繁华的上海根本就没有任何兴趣，她唯一钟情的事，便是待在上海静安寺路的家潜心研究佛法，外界的风风雨雨，丝毫不能扰乱她宁静的内心。

这样的生活持续了一段时间。1935年，吕碧城从上海出发去天津拜访了老友徐蔚如。老友相见，自然分外高兴，二人在回忆过往的同时，还畅谈了自己多年来的所学所得。在告别徐蔚如返回上海之后，吕碧城给徐蔚如汇去了五千元钱，并告诉他自己将于什么时间归西，并嘱托徐蔚如在那日为自己延僧。随后她又告诉徐蔚如，假如这笔钱有多余的话便作为其他功德。恰好此时北平有一家医院将建，于是吕碧城便嘱托徐蔚如将钱捐给这家医院。

随着国内局势的变化，上海也变得越发动荡起来，为了自身的安全，吕碧城在1935年移居了香港。因为吕碧城原来在香港的居所被白蚁毁损得不成样子，于是她便搬到了"东方明珠"跑马地的菩提场大殿。

吕碧城在香港的生活亦十分安定，每日依旧是诵经念佛，内心宁静平和。虽然身在香港，但是吕碧城却未忘母亲的忌日。在海外那几年，因为路途遥远，吕碧城不便到母亲的坟上扫墓，但是回到国内之后，吕碧城却再也忍不住这么多年对母亲的思念，返回上海为母亲扫墓。

站在母亲墓前的吕碧城久久不语，天空也似乎有些阴暗。吕碧城的心头忽然浮现过自己和母亲在一起经历过的种种快乐的事情以及母亲当年对自己的严厉，再想到这么多年自己漂泊海外所经历的困苦，即便吕碧城如此坚强，但是在母亲的坟头，她的眼角却还是流下了伤心的泪水。在这种悲伤的驱使下，吕碧城挥手写就了一阕《临江仙》：

空记蓻孤家难日，伊谁祸水翻澜。长余风木感辛酸。囊萤书惯读，手线泪常弹。

东望松楸拼一恸，无由说与慈颜。虚声今日满江关。重泉呼不应，多事锦衣还。

字里行间无不透露着吕碧城对母亲的思念，可惜"树欲静而风不止，子欲养而亲不待"一直都是这世上最让人辛酸的事情，谁都无法改变。

　　在为母亲扫完墓之后，吕碧城特意去了一趟苏州，想要拜访阔别近十年的老友费树蔚。十年之前，在吕碧城出国前不久，她与费树蔚、沈月华还有金松岑等人一同游览了鹤园、吴江以及垂虹桥等地，那时的欢声笑语犹在耳畔。就在吕碧城还走在半路上，幻想这次和费树蔚相见会是怎样的情形的时候，一个路人告诉吕碧城，费树蔚已经在去年病逝了。吕碧城一怔，半晌说不出话，平静的心里像是被狠狠砸进了一块巨石。

　　得知好友的死讯，吕碧城忽然觉得再去苏州也没有什么必要，鹤园肯定还是在那里的，吴江肯定也还是那样美丽，垂虹桥恐怕还未曾修复，但是这时候去苏州又有什么意义呢？"物是人非事事休，欲语泪先流。"吕碧城返回上海，为逝去的朋友写下一阕《惜秋华》：

　　十载重来，黯前游如梦，恍然辽鹤。凄入夕阳，依稀那时池阁。人间换劫秋风，催苹谱金荃零落。忆分题步韵，惊才犹昨。

　　横海锦书绝，裛山阳怨笛，旧情能说。甚驿使，传雁讯，蓦逢南陌。长思挂剑延陵，倘素心，逝川容托。凝默。啸寒岩，万楸苍飒。

　　老友逝世，吕碧城心中悲伤无限，但是她孤身一人，悲伤无处诉说，也只有将心事都付诸诗词了。

[4] 美人迟暮

　　1937年7月7日，日军悍然发动卢沟桥事变，开始全面侵华。至当年11月12日，日军已经侵占上海，中国大片领土沦丧敌手。

　　也就是在这年冬天，吕碧城的胃病加重，她怀疑自己时日无多，因此只想寻一处安静之地，度过自己人生最后的岁月。吕碧城先是飞到了新加坡，但是她在新加坡只待了不过几日，然后又启程去了瑞士。吕碧城对于瑞士这个国家似乎有一种特别的偏爱，在欧美漫游时，她便数次到过蒙特勒，而这次度过自己人生的最后时光，吕碧城的选择依旧是蒙特勒。

　　蒙特勒虽然风景秀丽，偶尔居住也自然适合，但是在山中长期居住，不免枯燥乏味。然而吕碧城似乎很喜欢这种静谧的生活。除了每日诵经礼佛，吕碧城偶尔也会去山下走走，去领略大自然的美丽安静。

　　1938年，香港巨富何东的夫人张莲觉居士驾鹤西去。吕碧城早年在香港时因为佛教的关系曾经和她结下了深厚的友谊，在张莲觉朋友的推荐下，吕碧城为张莲觉写了传记：

　　　　居士姓张氏，讳静容，字曰莲觉，广东新安县人。生而窈窕有宿慧，父某任榷署象胥，故居士亦娴译事。幼信佛教，善根早植。既长，嫔同里何绅士晓生,精懋迁术,成陶朱业,鸿案相庄,人以福禄鸳鸯目之,富而不骄,孳孳为善。及弘扬佛化,每值饥馑兵燹之年,辄请于夫,斥资巨万,广济灾黎,闻者咋舌赞叹,居士犹恻然以为未足也,晋王衍口不言钱,称"阿堵"以鸣高,然袁简斋《咏钱诗》云,"善用何尝非俊物",而于居士有微焉……

在这篇传记的最后,吕碧城称赞张莲觉道:

繄善女人,法号莲觉。挺生震旦,含章表烈,阃房连璧,琼树骈柯,锵鸾局迖,佩玉之儺。胡先胡后,维良作则。质秉芝醴,型式懿德,百禄攸加,莫靡其志,夐矣轶尘,幡然出世,巍筑大厦。净侣同参,黉开庠序,轴蔚娜縳,闺内宣文,女中长者,体道居贞,慈悲喜舍,方冀天南,愁遗一老,迦音未央,巫阳遽召,临期属纩,放妙光明,异迹遐播。薄海咸惊,筞弁同功,悉间蓁首,珠女龙骧,胜鬘狮吼。金闺之彦,玉台之伦,方兴未艾,宁让当仁,我闻西极,国有清泰,彼岸速登。裳同迈,搜纪行谊,史牒常存,千秋万,光于斯文。

好友仙逝,吕碧城心中无限悲痛,然而她除了为这位好友写一篇传记,似乎也没有什么可以再做的。

随着时间的推移,历史的脚步来到了1940年。在过去的两年里,吕碧城的胃病更加严重,而且此时的欧洲也不再是和平之地,随着战事的发展,欧洲的很多国家亦卷入了战火中。吕碧城所居住的瑞士虽然是中立国,但是一打仗就难免物资吃紧。吕碧城明显感觉瑞士的物资渐渐供应不足了。

在这样的背景下,吕碧城选择了回国,居住于香港东莲觉苑。这段时期,吕碧城依旧专注佛经并为自己将要出版的英文本《因果纲要》作了题跋。

1942年5月,吕碧城将自己在东莲觉苑为信中讲学的讲义收录为《文学史纲》，该书介绍了历代作家以及重要的文学典籍，她亲自为这本书作了序。

1942年的香港似乎格外寒冷，在这个寒冷的冬天里，吕碧城似乎也有了自己将要离开这个世界的预感。因为风寒侵袭，吕碧城的胃疾再次复发了，痛苦像潮水一样侵袭着她，朋友知晓她的身体状况，纷纷劝她就医。然而吕碧城却感觉自己这次恐怕再也逃离不了命运的折磨，拒绝了朋友们的建议。

在拒绝了朋友们的建议之后，吕碧城开始为自己安排身后之事，她一连向自己的好朋友李圆净居士发了三封信安排自己的身后之事，现将这三封信摘录如下：

其一：

圆净居士道席：

未通音讯，倏已十年。维福德无量为颂。今秋会以拙著观经释论一册托陈无我君转呈，计已达览。兹有遗嘱二件，其内容系以遗资赠与赠予某君，须彼承译佛经，在太虚法师指导之下。如某君较我先亡，或不愿接受此条件者，则由居士承受。惟除太虚法师指导之下之一句，因居士年龄及资望均较某君为高，故无须他人指导也。事关弘扬佛法，居士义不容辞，务祈协助为感。又此遗嘱无论如何请勿寄还香港，因尊函寄到时，城或已辞世也，故此敝函亦不望赐答。如实无办法，亦可由尊处请佛学界公议处置之。

专此拜托。

敬请法安。

吕碧城谨启

三十一年十二月三十日

其二：

圆净居士：

　　昨寄遗嘱，处置纽约存款。今再寄另一遗嘱，处置旧金山存款。此嘱内容是说将旧金山存款捐与 Mr. Beech，为维持彼所办之蔬食月刊，但须由彼写据承认，至少须继续出版五年。彼如不接受此条件者，则捐与李圆净居士为刊印佛经之用。此遗嘱今拜托居士保存。俟世界恢复和平，能与美国通邮时，方能寄与 Mr. Beech。但届时请居士勿忘记此事耳。一笑。

　　匆上
　　敬请道安。

　　　　　　　　　　　　　　　　　　吕碧城谨启
　　　　　　　　　　　　　　　　　　十二月三十一日

其三：

圆净居士慧鉴：

　　两寄遗嘱，计均蒙收到。兹再寄此嘱，附旧书两封，即告完毕，敬请接受代为保存。俟上海之麦加利银行恢复营业时，即可办理。此款请代用于弘扬佛法之事，若不代取，不啻使佛门受损失。居士弘法有责，谅不辞却也。

　　专此拜托。
　　敬颂净安。

　　　　　　　　　　　　　　　　　　吕宝莲敬上
　　　　　　　　　　　　　　　　　　三十二年一月一日

很难想象，这些信竟然是一个60岁的老人在安排自己的后事，此时的她竟是如此冷静，竟然对死亡没有一点儿畏惧，安排起事情来井井有条。或许，多年来参悟佛法早已令吕碧城看透了生死，死亡对她来说，只不过是去往另一个世界。而且老友们一一离世，死亡对孤孤单单生活在世界上的吕碧城来说又何尝不是另一种解脱。

[5] 红颜凋零

1943年1月4日,沉睡的吕碧城忽然自梦中醒来,在床上躺了一会儿之后,吕碧城忍着胃部的不适走到了书桌旁,写下了人生中的最后一首诗——《梦中所得诗》:

护首探花亦可哀,平生功绩忍重埋。
匆匆说法谈经后,我到人间只此回。

这首诗只匆匆四句,可是它却是吕碧城对自己人生最好的总结。"匆匆说法谈经后,我到人间只此回。"从今以后,她便要弃世而去了。

在写下这首诗后的第17天,吕碧城像往常一样早早起了床,然后洗漱、礼佛。8时左右,吕碧城含笑往生,告别了这个世界。

因为吕碧城在之前就做好了身后事的安排,所以当朋友们得知她逝世的消息后,一切有条不紊地进行着。遵从她的遗愿,为她举行葬礼的人们将她进行了火化,然后又将骨灰和面粉混合,化为小丸,抛入海中,供鱼吞食。

吕碧城逝世的消息传出之后,媒体大为震惊,一家名叫《觉有情》

的杂志甚至特意为吕碧城推出了一个专刊号,至于写诗发文悼念的人更是不少。

章太炎的夫人张国梨写诗称赞吕碧城道:

> 冰雪聪明绝世姿,鸿泥白雪耐人思。
> 天华散尽尘缘断,留得人间绝妙词。

吕碧城生前的朋友龙榆生则填了一阕《声声慢》,回忆了他和吕碧城相处的过程:

> 荒波断梗,绣岭残霞,迢迢梦杳音书。腊尽春迟,花香冉冉愁予。浮生渐空诸幻,奈灵山、有愿成虚。人去远,剩迦陵悽韵,肯更相呼。
> 慧业早滋兰畹,共灵均哀怨,泽畔醒余、揽涕高丘,而今踯躅焉如。慈航有情同度,瞰清流、拼饱江鱼。真觉了,任天风、吹冷翠裾。

一位叫崔慧朗的女士则在文中痛哭:

> 嗟乎!名闻遐迩,誉满中外,巾帼文豪,护生健将。佛学界之问星吕碧城女士,已离此浊恶婆娑而去矣。消息传来,举国震惊,薄海同悲。人间失一导师,其如众生何。余不禁喜忧交集,所有的喜者何?女士已遨游佛国,与诸菩萨众俱会一处。常寂光中,宝莲花里,度庄严清净之岁月矣。所忧者何?人世骤失导师,如婴孩之失母,羔羊之迷途。慧炬已灭,将何所依怙耶。余更为彼无声物类悲。盖女士天性慈爱,痌瘝在抱。悲天悯人之心,民胞物兴之怀。大雄大力,提倡废屠运动。登高一呼,众山响应。今女士西去,谁能不避艰难。鞠躬尽瘁,为彼世界上无央数羽毛鳞介之众生呼吁耶。若女士者,智仁勇三者俱备,其巾帼之完人欤。

一代红颜，一代才女，一代奇女子，在朋友最后的悼念中，走完了自己这繁华乱世里的最后一程……